1

CONFIANZA PARA

SOBREABUNDAR

DESATANDO LOS RECURSOS
ILIMITADOS DE DIOS PARA TU VIDA

KEITH JOHNSON

Confianza Para Sobreabundar: Desatando los recursos ilimitados de Dios para tu vida

KJI Publishing
PO Box 15001
Spring Hill, Florida 34604
(352) 597-8775

Diseño de portada por: Martijn van Tilborgh
Traducido por: Juan Pacheco

ISBN Trade Paper: 978-0-9855167-7-2

Para distribución mundial, impreso en EE. UU.

1 2 3 4 5 6/21 20 19 18

CONTENIDO

OTROS LIBROS DEL DR. KEITH JOHNSON

Manifiesto de la Confianza—Guía de 30-Días para Elevar Tu Confianza y Desatar Tu Potencial

La Solución de la Confianza—Reinventa Tu Vida, Acelera tu Negocio, Eleva Tus Ingresos

La Solución CL —Influencia, Impacto e Incremento

Lo que Llamas una Crisis, Dios lo Llama Salón de Clases de la Confianza de Vida—Maximiza el Resto de Tu Vida

The Fud of Dud—A Tremendous Tale about How to Overcome (versión en inglés)

DEDICATORIA

Dedico este libro a mi entrenador de acondicionamiento físico, Michael Maysonet. Sin su sabiduría, intuición y cuidado en el gimnasio el 7 de diciembre de 2016, cuando tuve mi ataque al corazón, hoy no estaría vivo para escribir este libro. Gracias por preocuparte por mi bienestar, insistir en que fuera a la sala de emergencias y estar conmigo hasta asegurarte de que estaba bien. Tu dedicación para servir a los demás te ha convertido en un hombre sobreabundante.

AGRADECIMIENTOS

E N PRIMER LUGAR GRACIAS ESPECIAL Y GRANDE a Jerret Hammond. Tu dedicación para ayudarme a escribir y marcar este libro ha sido un viento fresco en mis velas. Gracias por estar ahí para mí durante el año más desafiante de mi vida.

Un agradecimiento especial al Dr. Larry Keefauver, mi amigo y coach para escribir libros, por ayudarme a delinear los pensamientos en este libro.

Gracias a Martijn van Tilborgh por su experiencia en marketing y la idea original para el diseño de la portada. Gracias por sacarme de mi cuadro de marca normal.

Gracias a Angela R. Shears por su trabajo de edición y su experiencia al tomar mis palabras y hacer que cobren vida.

Y agradezco especialmente a mi esposa, la Dra. Bonnie Johnson. Este libro es la historia de nuestro viaje juntos para Sobreabundar a medida que nos hemos basado en Proverbios 3: 5-6. Me has apoyado en algunos de mis momentos más oscuros. Gracias por ser siempre la luz del sol en mi camino a la grandeza.

SOBREABUNDANCIA

Solo mencionar la palabra provoca imágenes, sentimientos, opiniones, hechos, cifras y recuerdos.

Pero ¿qué es lo que siempre ha querido Dios que sea la sobreabundancia?

La respuesta se encuentra en el interior de este libro.

VISITA NUESTRO SITIO WEB

http://empoderatuiglesia.com

CAPÍTULO 1

MÁS DE LO QUE ALGUNA VEZ PENSÉ POSIBLE

BIENVENIDO A LA CONFIANZA PARA SOBREABUNDAR. Vivir Sobreabundante trata acerca de tu futuro. Trata de vivir la vida al nivel más alto de tu verdadero potencial. Trata de crear un estilo de vida integral de éxito espiritual, mental, físico, relacional, profesional y financiero.

El título del libro implica que este es otro "libro de prosperidad" Pero no lo es. Vivir en sobreabundancia no se trata solo de dinero, éxito en tu profesión, casas más grandes y automóviles más lujosos. Se trata más acerca de convertirte en la persona que fuiste diseñado a ser para que puedas alcanzar tu destino dado por Dios.

El 7 de diciembre del 2016, me encontraba en la mejor forma físicamente en toda mi vida, con solo 13 por ciento de grasa corporal. ¡Fui al gimnasio para hacer ejercicios con mi entrenador cuando BAM! De repente me golpeó. Un ataque al corazón en toda su fuerza. Los médicos lo llaman el "fabricante de viudas" porque la mayoría de las personas mueren casi al instante.

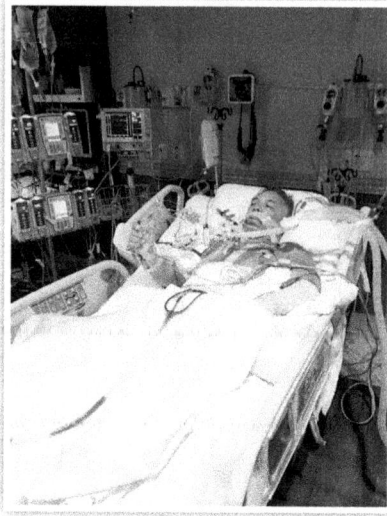

De hecho, manejé hasta el hospital y 3 horas después fui informado que ellos me habían salvado la vida Le agradecí a Dios. El cardiólogo fue programado para examinar mi corazón al día siguiente para ver qué causaba el problema. Mientras estaba acostado en la mesa, viendo mi corazón latir en el monitor al lado de mi cama, el cardiólogo me informó que necesitaba una cirugía de bypass quíntuplo para corregir las arterias bloqueadas. Poco tiempo después me dijeron que esta era una de las cirugías más peligrosas, con la posibilidad de que no sobreviviría. Pasé los siguientes dos días preparándome para la cirugía. Fueron los días más largos de mi vida. Acostado en la cama, reflexioné sobre lo que había escuchado decir con frecuencia al fallecido Dr. Myles Monroe en varias conferencias de las que fui parte:

¿Dónde están las piezas de bienes raíces más caras del mundo? ¿Son las minas de diamantes de Sudáfrica? ¿Son las propiedades frente al mar en Hawái? O ¿los campos petroleros de Arabia Saudita? Creo que las piezas más costosas de bienes raíces son los cementerios de todo el mundo. ¿Por qué? Porque están llenos de personas que fueron a la tumba sin cumplir su potencial. La tumba está llena de libros que deberían haber sido escritos.Canciones que nunca fueron escuchadas. Negocios que nunca se iniciaron y curas de enfermedades que nunca han sido descubiertas.

No podía alejar mi mente de estos pensamientos, *¿Qué si hubiera muerto ayer? ¿Que si muriera mañana en la cirugía? ¿Moriría con remordimiento que no cumplí todo lo que Dios quería que hiciera en esta tierra, o iría al sepulcro satisfecho que había cumplido mi carrera?*

FRACASOS

Mi mente al instante regresó a mi pasado y de dónde venía. La vida siempre había parecido una lucha para mí. Nada vino fácilmente. Ciertamente no había sido elegido como la persona "con las mayores posibilidades de éxito".

Por ejemplo:

• Reprobé el preescolar y mi maestra me dijo que era "lento para aprender." Por años creí que ella quiso decir que yo era un tonto.

• Cuando cumplí 7 años de edad, mis padres se divorciaron. Me culpé a mí mismo y pensaba que sucedió porque yo era un niño malo.

• Para cuando estaba en el quinto grado, apenas podía leer y escribir y casi reprobé ese año.

• Cuando tenía 8, mi madre se casó con un alcohólico quien verbal y físicamente maltrataba a nuestra familia, incluyéndome.

• Mi padre biológico se unió a una pandilla de motociclistas llamado los Escoltas de satanás y era drogadicto y alcohólico.

• A los 10 años de edad, fui atropellado por una motocicleta mientras andaba en mi bicicleta; mi pierna fue quebrada tan mal que los doctores dijeron que nunca caminaría sin una dificultad.

• Cuando tenía 14 años, fumé mi primer cigarrillo de marihuana—con mi padre. Y cuando tenía 16, él me enseñó cómo vender drogas para ganarme la vida.

• Para cuando cumplí 22, todavía no era un buen lector y nunca había leído un libro completo.

• Era tan inseguro a los 23 que tuve miedo de llamar a la compañía telefónica por cobrarme un exceso de $250.

ÉXITOS

Luego, mientras estaba acostado en la cama del hospital, solo con mis pensamientos, mi mente saltó a lo que había logrado hasta ese momento de mi vida:

• Cómo viajé internacionalmente durante los últimos 5 años a más de siete países para hablar en mega iglesias.

• Cómo acababa de completar una gira de un año hablando con más de 100,000 líderes empresariales para una empresa de seminarios sobre la cual *Fox News* informó: "Esta conferencia es donde las personas más exitosas e inspiradoras de la nación comparten sus secretos contigo".

• Incluso aparecí en la revista *Woman's World*, que amablemente me nombró El Coach Máximo De América, lo que todavía me hace sonreír hasta el día de hoy.

• Mi mensaje para aumentar la confianza me llevó a segmentos destacados en *Fox News, ABC News, CBS News, TBN, Daystar* y otras transmisiones importantes en todo el mundo.

• A pesar de que apenas podía leer, mi libro fue publicado por la segunda editorial más grande del mundo y rápidamente se convirtió en un libro de mayor venta en Amazon.

• Poco después, compré y me mudé a la casa de mis sueños. Llené también mis garajes con los autos de mis sueños.

• Incluso me volví completamente libre de deudas sin ir a la quiebra(a pesar de que tuve más de $ 180,000 en deuda de tarjeta de crédito).

Algunos creen que las personas en su lecho de muerte no están pensando en el dinero. Bueno, déjame decirte, definitivamente estaba pensando en eso. Quería asegurarme de que mi esposa supiera de nuestras finanzas y le di información que necesitaba saber si algo me sucedía. Estaba orgulloso de mí mismo por ahorrar suficiente dinero para que mi esposa no tuviese ninguna presión financiera si la cirugía no fuera exitosa.

Al meditar en toda mi vida, recordé el día en que tenía 23 años y tuve que buscar en cada cajón de mi tráiler para juntar suficientes monedas para poder ir a Taco Bell y comprar dos tacos de 39 centavos para la cena. Y luego pensé en cómo Dios me había bendecido radicalmente para vivir un estilo de vida, que solamente llegan a experimentar el 2 por ciento de la gente en todo el mundo.Reflexionando en cómo había maximizado mi potencial por los últimos 25 años, llegué a la conclusión que, si hubiera muerto el día anterior o si muriera mañana, moriría sin remordimientos.

MENTALIDAD PARA SOBREABUNDAR

TU ASIGNACIÓN DADA POR DIOS DEJADA SIN HACER,SE CONVIERTE EN REMORDIMIENTO.

Defino la *verdadera sobreabundancia como maximizar tu potencial*. Este libro trata acerca de darte la **CONFIANZA** para **SOBREABUNDAR** para que puedas morir vacío y realizado.

UN MENSAJE MÁS

Después de que sobreviví a una cirugía de corazón abierto, Dios me dijo que no había terminado conmigo, que tenía un mensaje más para entregar al mundo. Él dijo: Mis líderes y las personas están luchando por obtener los recursos que necesitan para cumplir su destino. Están sintiendo el dolor agudo de su propio potencial no desatado y la falta de entendimiento financiero. El poder de la confianza y los principios integrales de la sobreabundancia que te he enseñado brindarán sanidad y esperanza a las multitudes.

Debo admitir. Durante años me he resistido a enseñar acerca de la sobreabundancia, dinero o finanzas porque temía ser etiquetado como un "predicador de la prosperidad". Sin embargo, después de escuchar a Dios, con una confianza renovada y valor, he decidido tomar cualquier golpe negativo de gente "religiosa" para enfocar mis energías en llevar la sanidad a quienes lo necesitan. Al final, sé que valdrá la pena escuchar a mi Padre decir: "¡Bien hecho, hijo mío!". Mientras estoy aquí en la tierra, seré obediente para compartir ese mensaje y a su vez, poder ver la vida de millones de personas siendo cambiadas.

Cuando cambias la manera en que miras algo, lo que miras cambiará.
–Wayne Dyer Autor Best Seller de ¡Excusas Fuera De Aquí!

LO QUE APRENDÍ DE UNA LANGOSTA MUERTA

Tres meses después de mi cirugía a corazón abierto, estaba de regreso en la ruta dando conferencias nuevamente. Antes de mi visita al estado de Maine, pensé que había experimentado todo lo que la vida tenía para ofrecer. Sin embargo, después de completar mi seminario, mi anfitrión me llevó a un restaurante exquisito para comer langosta fresca de Maine.

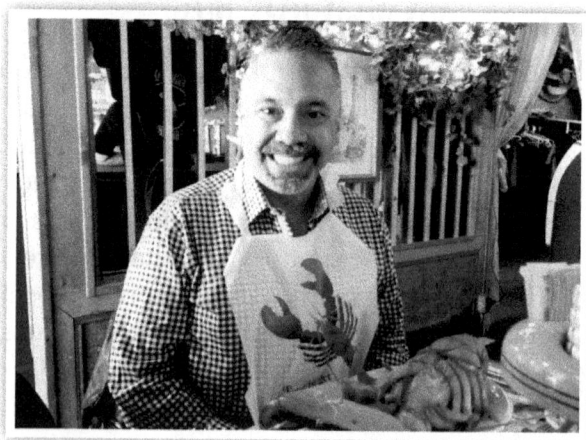

¡Oh Dios mío! ¡Pensé que había muerto he ido al cielo! Nunca había visto una langosta tan grande ni había probado algo tan suculento y delicioso. Miré a mi anfitrión y le dije: "Creo que Dios me mantuvo con vida solo para experimentar el comer langosta fresca de Maine". Los dos nos reímos y seguimos comiendo. Más tarde esa noche, mientras estaba en la habitación de mi hotel, escuché: "Keith, cuando estabas en el hospital, pensabas que lo habías experimentado todo. Pero quiero que sepas que tengo lugares, personas, experiencias, bendiciones y recompensas financieras que te esperan en tu futuro MÁS ALLÁ de lo que has experimentado actualmente. Del mismo modo que estás impresionado por lo que he hecho en tu vida hasta ahora, puedes estar seguro de que lo que está por venir es incluso mejor, más brillante y más grande ".

¡ELIMINANDO LA MENTIRA!

Es posible que hayas aceptado la gran mentira que dice "Esto es lo mejor que puede llegar a ser mi vida, iglesia, ministerio o empresa". ¡Estás equivocado! Solo has experimentado la vida en tu nivel actual. El Rey Salomón nos recuerda, "Mejor es el fin de un asunto que su comienzo" (Eclesiastés 7:8).

En las siguientes páginas aprenderás cómo superar tus limitaciones actuales y experiencias de vida a niveles que "ojo no ha visto ni oído ha escuchado". ¿Estás listo para dar el primer paso?

EL PRIMER PASO PARA SOBREABUNDAR: ¡REDUCE TU EGO!

Nunca olvidaré el día en que fui a un seminario acerca de edificar riqueza y el orador me golpeó en la cara con la verdad de mi situación actual. Ella me puso en una nueva ruta para cambiar mi vida.

Así es como el orador abrió el seminario con su mensaje de transformación:

Tengo siete preguntas para hacerte:

1. Ponte de pie si tienes deudas de tarjetas de crédito (el 95% de la multitud se levantó).

2. Ponte de pie si solo tienes una fuente de ingresos (3% más de la multitud se puso de pie).

3. Ponte de pie si no tienes un equivalente a 6 meses de dinero en el banco para un fondo de emergencia (el último 2% de la multitud estuvo de pie).

¡Wow! Todos estaban de pie y ella todavía tenía cuatro preguntas más para hacernos. Luego, con absoluta confianza, dijo:

¡En este momento de tu vida no tienes derecho legítimo a tener una opinión sobre el tema de la riqueza, el dinero o la prosperidad!

¿Por qué? ¡Porque no sabes nada al respecto! ¿Por qué? ¡Porque no tienes nada de eso!

¿Por qué? ¡Porque lo administraste mal!

¿Por qué? ¡Porque nadie te ha enseñado a pensar y ser sobreabundante!

Así que has pasado la mayor parte de tu vida jugando a seguir al seguidor. Miraste a los seguidores ... escuchaste a los seguidores ... fuiste influenciados por los seguidores ... estuviste de acuerdo con los seguidores ... comenzaste a pensar y comportarte como los seguidores y ahora has creado un estilo de vida como las multitudes de ciegos guiando a los ciegos. Estás pasando noches sin dormir preocupándote por cuestiones financieras, temeroso de cómo será tu futuro.

Tengo que admitir. Al principio, me ofendí y quise abandonar el seminario. Mi gran ego gordo gritó: "¿Quién cree que es esta señora? He estudiado los principios bíblicos de la mayordomía durante años ".

Entonces oí otra voz suave, "Sí, pero ella tiene razón. Estás endeudado hasta el límite, estás viviendo de cheque a cheque, debes más dinero por tu automóvil del valor, no tienes dinero realmente significativo en el banco y tú y tu esposa están estresados y continúan entrando en peleas sobre sus problemas de finanzas". Antes de que comenzara a ocurrir un cambio real en mi vida, tuve que reducir mi ego. Sí. Tenía un gran ego con una pequeña cuenta bancaria. Rápidamente comencé a aprender que un ego pequeño tiene la posibilidad, con la estrategia correcta, de producir una GRAN cuenta bancaria.

MENTALIDAD PARA SOBREABUNDAR

REDUCIR TU EGO CAUSA QUE APRENDAS MÁS. CUANDO APRENDES MÁS, NATURALMENTE GANARÁS MÁS. NO SOLO DINERO, PERO TAMBIÉN INFLUENCIA, IMPACTO Y RESPETO.

En mi juventud, pensaba que lo sabía todo. Cuanto más avanzo en años más aprendo y más me doy cuenta de lo poco que sé. Necesito continuar aprendiendo y creciendo. Especialmente si estoy experimentando resultados negativos en ciertas áreas de mi vida. La dura realidad siempre ofenderá tu ego y tu mente cuando lo oigas por primera vez. El Espíritu Santo tiene que ofender tu mente porque el cambio de vida comienza con nuevos pensamientos e ideas.

Permanece conmigo a lo largo de este libro mientras nos embarcamos en mi viaje personal de transformación desde perder todo con solo un sueño y una computadora portátil para convertirme en un orador y coach de la confianza internacionalmente aclamado.

DESAPRENDER Y VOLVER A APRENDER

Comencemos orando lo que llamo mi oración del potencial: "¡Señor, reduce mi ego para que pueda aprender más!"

Haremos juntos dos pasos importantes:

1. Desaprender los errores que nos enseñaron en el pasado.

2. Volver a aprender lo que necesitamos saber para el futuro.

¡Sí, hay trabajo por hacer! Pero al final hay una suculenta cena de langosta fresca esperándote.

Confía en mí, valdrá la pena todo el trabajo arduo para leer y aprender de este libro— de principio a fin.

¿ESTÁS LISTO PARA CAMBIOS POSITIVOS DE VIDA?

¡Esto es lo que sé! El cambio de vida es posible. No estás atrapado donde estás. La confianza es el poder que necesitas para superar el miedo que surgirá cuando comiences realmente a alcanzar el Sobreabundar.

Puede ser que:

• Tengas miedo de que a la gente no le gustes si te vuelves sobreabundante.

• Temas alejarte de tu caminar con Dios.

• Temas a que la gente te critique y te rechace.

• Temas que la riqueza pueda cambiar tu personalidad.

• Temas que si intentas volverte sobreabundante, puedas fracasar.

El miedo provoca todo tipo de imaginaciones trágicas relacionadas con tu futuro. La confianza le ofrece a tu imaginación todo tipo de logros, felicidad, éxito, riqueza, abundancia y milagros.

MENTALIDAD PARA SOBREABUNDAR

LA CONFIANZA ES UNA EXPECTATIVA DE QUE TU FUTURO VA A SER MÁS BRILLANTE, MEJOR Y MÁS GRANDE QUE TU PRESENTE.

El miedo al futuro hace que te aferres firmemente a lo seguro conocido del presente, mientras que la confianza en el futuro te empodera con un espíritu de innovación para cambiar. Cuando comienzas a temer al futuro, por lo general dejas de avanzar y el progreso se detiene bruscamente.

Es esencial que tengas confianza para el futuro. Porque sin confianza, no puedes tener la fe necesaria para seguir adelante y cambiar.

Mi nuevo amigo, antes de comenzar, quiero que pienses sobre esto: ¿qué pasaría si todo lo que has aprendido alguna vez acerca de

- La riqueza
- Dios y el dinero
- El trabajo
- Los ricos
- La clase media
- Los pobres

... está 100% equivocado?

Necesitas confianza para dudar de todo lo que te han enseñado. Pero piensa en esto, si lo que has aprendido no está funcionando para ti y posiblemente para los que lideras, o Dios es un mentiroso o se nos ha enseñado a pensar y comportarnos equivocadamente.

Elijo creer que Dios no miente. Elijo creer que, si no estoy obteniendo resultados en mi vida, entonces debo cambiar mi sistema de creencias para poder vivir la vida que Dios espera de mí, la vida abundante.

Para tener confianza para sobreabundar, debes ser un opositor, un tomador de riesgos audaz, uno que no pertenece al montón. Te enfrentarás a desafíos al vivir la vida fuera de la mentalidad de pensar de las multitudes, pero también obtendrás todas las maravillosas recompensas que las personas de "pensamiento normal" nunca generarán.

Debes estar dispuesto a alejarte de todo lo que has creído en el pasado para caminar hacia el destino divino de Dios para tu vida en el futuro. Si estás listo para olvidar todo lo que te han enseñado acerca de la riqueza, listo para entrar en una realidad mayor de lo que Dios tiene para ti, entonces detén la incredulidad y corramos juntos hacia la Confianza Para Sobreabundar.

• • •

Antes de comenzar, es hora de tomar una decisión. ¿Cuál de estos quieres para tu futuro?

☐ Vivir Sobreabundante

☐ Vivir promedio

☐ Vivir Pobre

☐ Ninguno de lo anterior

[Marca uno]

Sabía que elegirías la opción correcta—¡vamos!

CAPÍTULO 2

DEFINIENDO EL POTENCIAL DE SOBREABUNDANCIA

¿QUÉ TIENE QUE ACABAR Y QUE TIENE QUE INICIAR PARA TENER ÉXITO?

S IENTES QUE DIOS QUIERE QUE HAGAS UNA GRAN diferencia en el mundo, sin embargo, te sientes atrapado donde estás con un apoyo, tiempo y recursos limitados? ¿Alguna vez has pensado: debería estar mucho más adelante en la vida de lo que estoy ahora?

Ese pensamiento vino a mí el 16 de marzo del 2002. Ese fue el día en que experimenté una devastación (mental, emocional, espiritual y financiera) total. Sabía en mi corazón que Dios me llamó a más. Soñaba con viajar a diferentes países del mundo y hablar e inspirar a miles de personas para lograr su destino y propósito en la vida.

Quería ser una inspiración para aquellos en la pobreza, para ayudar a proporcionar una escalera de estrategias para que pudieran moverse desde donde estaban hasta donde realmente querían estar. Quería compartir lo que descubrí a las principales audiencias de programas de radio y televisión.

Soñaba con publicar libros best sellers, incluso libros para niños. Quería educar a miles de personas para que fueran líderes de calidad mundial y convertirse en los mejores en lo que hacen. Pero nada, y quiero decir, nada estaba sucediendo en ese momento—al menos eso era lo que pensaba.

MENTALIDAD PARA SOBREABUNDAR

CUANDO PARECE QUE NADA ESTÁ SUCEDIENDO, DURANTE ESOS TIEMPOS TRANQUILOS, INVISIBLES Y DE OSCURIDAD DENTRO DE TI, DEBAJO DE LA SUPERFICIE—SABES QUE DIOS TE ESTÁ PREPARANDO PARA UN FUTURO MEJOR Y MÁS GRANDE.

Cuando comencé a tomar pasos para cumplir mi destino, vi vislumbres de mi sueño hecho realidad mientras viajaba y hablaba con grupos en una variedad de iglesias pequeñas locales en todo Estados Unidos. Publiqué mi primer libro y fui invitado a hablar en programas locales de televisión.

Tratando de llegar desde donde estaba hasta donde quería ir se sentía como empujar una gran roca cuesta arriba del Monte Everest. Estaba trabajando más duro que nunca, pero sin lograr avanzar. Esta fue una temporada frustrante en mi vida. ¿Por qué? Había sido despertado a mi potencial dado por Dios— y quería alcanzar los objetivos que me propuse lo más pronto posible.

MENTALIDAD PARA SOBREABUNDAR

EL POTENCIAL ES SIMPLEMENTE EL ESPACIO ENTRE DONDE ESTÁS Y DONDE PODRÍAS ESTAR.

¿Qué es y qué no es "el potencial"?

• El potencial no es la persona que eres ahora; desata a la

persona en la que puedes llegar a ser.

• El potencial no es lo que estás haciendo en este momento; te empodera para lo que puedes hacer en tu futuro.

• El potencial no es lo que tienes ahora (tu casa, automóvil o el tamaño de tu cuenta bancaria); potencial es aprovechar tus fortalezas para aumentar tus finanzas, comprar un mejor automóvil y vivir en un hogar cómodo.

• El potencial no es la cantidad de personas a las que estás ayudando y sirviendo en este momento; potencial es darte cuenta de las multitudes que puedes ayudar y servir en tu futuro.

Cuando hay una brecha del "potencial" entre dónde estás y dónde quieres estar, sentirás dolor, frustración y descontento. Tu mente puede estar diciéndote en este momento, no estoy sufriendo. Tengo todo lo que necesito. Conozco esos pensamientos. Eso era lo que pensaba porque en ese momento mi ego, combinado con la duda, estaban hablando. Lo estoy haciendo bien, no hay necesidad de alterar el status quo. Claro que hay cosas que me gustaría tener y hacer, pero estoy mejor que mucha gente.

MENTALIDAD PARA SOBREABUNDAR

NO HAY DOLOR EN EL CORAZÓN HUMANO COMO EL DOLOR DEL POTENCIAL NO REALIZADO.

En los siguientes párrafos, te mostraré cómo una verdad recientemente descubierta que cambia vidas le dio un giro positivo a mi vida.

EL POTENCIAL NO DESATADO Y LA ADICCIÓN

El dolor de mi potencial no desatado me llevó a tomar medicamentos para aliviar temporalmente mi corazón. El mundo está lleno de drogas que te seducen a pensar, en tu momento de dolor, que pueden ayudarte. Sin embargo, la mayoría solo produce una falsa sensación temporal de placer y una sensación a largo plazo de dependencia de un veneno mortal.

Los elementos de la adicción se encuentran en la naturaleza humana y el deseo dentro de todos nosotros de pasar la vida con la menor cantidad de dolor y la mayor cantidad de placer posible.
-Dr. Ted Roberts

La medicación nos mueve del dolor momentáneo al placer momentáneo. Diferentes personas se conforman con diferentes tipos de medicamentos que ellos piensan que resolverá el problema, cualquier problema. Algunos se auto medican con drogas, alcohol, sexo o incluso vicios aparentemente inocentes como comer en exceso, pasar horas y horas frente a la televisión, juegos de azar o ir de compras fuera de control.

Mi medicina sanadora vino por correo una tarde soleada. Me quedé impactado. Ni siquiera lo había pedido. Pensé, ¡Ahora, esto es justo lo que he estado esperando! Fue una receta que me envió el Dr. American Express. Este medicamento me dio un alivio temporal del dolor de mi potencial no realizado al permitirme ir al centro comercial y comprarme un reloj nuevo, ropa y comer en un restaurante nuevo y ostentoso. Ese derroche de gastos me hizo sentir muy bien—por el momento.

MENTALIDAD PARA SOBREABUNDAR

LAS TARJETAS DE CRÉDITO TE DAN LA ILUSIÓN INSTANTANEA QUE ERES RICO, PERO JUNTO CON LA DEUDA MALA VIENE UN CICLO DE VIDA DE ESCASEZ. LA DEUDA DEL CONSUMIDOR ATASCA TU FUTURO PARA MEJORAR TU PRESENTE—PERO EVENTUALMENTE ROBA TU CONFIANZA.

Cuando el dolor resurgió, hice otro viaje al centro comercial. Por supuesto que se sentía bien salir caminando con una nueva bolsa de ropa. Otras veces, cuando sentía el dolor del estancamiento, un filete miñón con sabor a ajo y una cola de langosta en Capital Grille me aliviaba, por el momento. Más tarde, cada mes, sin embargo, sentía el dolor real de recibir la factura de AmEx por correo y darme cuenta de cuánto me costaba mi medicación.

Pero, era adicto y seguía recargando la prescripción de American Express hasta que me avisaron que el acceso a mi tarjeta había sido cortado. Y con razón. No era diferente al camarero que le deja de dar licor a un borracho que está fuera de control. Sin embargo, ¡estaba indignado! ¿Cómo podrían hacerme esto?

Después de una semana de no poder usar mi tarjeta de crédito, ¡estaba eufórico cuando recibí más medicamentos por correo! (Aparentemente, la Dra. Visa simpatizaba con mi situación difícil).

Cuando no podía pagar lo que debía a American Express, recibía adelantos en efectivo de Visa para cubrir el pago. Pronto, incluso mi nueva droga similar a envíos de cocaína desde Colombia. Terminé con un total de 32 tarjetas de crédito y más de $ 180,000 en deuda.

Este medicamento no era "Dios proveyendo una salida", sino más bien un lobo vestido de oveja. Mi situación financiera era frágil. Me di cuenta de que un pequeño error y todo el castillo de naipes se derrumbaría.

El 11 de septiembre del 2001. Una de las crisis más catastróficas que jamás haya golpeado a los Estados Unidos. Un pequeño grupo de terroristas atacaron los Estados Unidos secuestrando aviones y estrellándolos en las torres del World Trade Center y el Pentágono. El miedo se extendió por toda la nación como una pandemia. La gente tenía mucho miedo de viajar.

Durante un año, la vida pareció paralizarse y mi negocio de dar conferencias se detuvo repentinamente. Sin reservas, sin ningún sitio para hablar y finalmente sin dinero. Durante meses miraba una pila de facturas en mi escritorio sin tener ni idea de cómo pagarlas.

Todas mis tarjetas de crédito estaban al máximo, y nadie me daría más de mi preciada medicación. Debido a mi mal juicio, fui colocado en una "lista de observación" como "alguien cercano a la bancarrota", como una especie de terrorista dentro del sistema de informes de tarjetas de crédito.Ahogando en deuda hasta el cuello, sin trabajo y absolutamente nada de dinero en el banco, mi esposa y yo vendimos todo lo que teníamos y nos mudamos a la habitación de invitados de mi suegra. Bromeando, digo en muchos de mis seminarios, "la vida no puede ser peor que vivir con tu suegra. ¡Fue un infierno viviente en la tierra!

MENTALIDAD PARA SOBREABUNDAR

NADA HUMILLA COMO EL FRACASO. ES MEJOR HUMILLARSE UNO MISMO AHORA QUE SER HUMILLADO MÁS TARDE.

La verdad es que ese fue el año más difícil de mi vida, pero fue el mejor año de mi vida. Fue un año que nunca cambiaría ni quitaría. Aprendí mucho de esa temporada. Aprendí que mi corazón estaba en lo cierto, pero mi cabeza tenía un montón de errores.

Así que ahí estoy en esa mañana fatal del 16 de marzo. Mi esposa y mi suegra fueron a comprar alimentos. Sentado solo en el rincón del área de desayuno, sintiendo pena por mí mismo, clamé a Dios: "Señor, ¿qué es lo que me estoy perdiendo? ¿Por qué estoy atrapado aquí? Me siento llamado a hacer el trabajo que me diste, pero sigo quedándome corto".

Dios me respondió ese día de una manera poderosa que me puso en una trayectoria que no solamente ha cambiado mi vida, pero también la vida de un millón de creyentes, personas de éxito y también líderes. Dios simplemente me dijo, "Keith, tu careces de confianza." Esa declaración sencilla me envió a una búsqueda de 15 años para vencer mis temores, inseguridades y dudas. Hoy soy conocido mundialmente como el Coach de la

Confianza #1 de América—porque el potencial fue el puente entre mi pasado y situación actual ¡a un futuro asombroso!

MENTALIDAD PARA SOBREABUNDAR

PUEDES TENER UN GRAN CORAZÓN, PERO UNA MENTE VACÍA. EL DOLOR ES UNA SEÑAL QUE NECESITAS ABRIR TU CORAZÓN Y MENTE PARA APRENDER.

La brecha entre donde estás ahora y donde podrías estar es el potencial. Las buenas noticias para ti es que puedes cerrar esa brecha— con la confianza. Entiende esto: la actitud de confianza determina la altitud de éxito y sobreabundancia. Por esa razón el título de este libro es Confianza para Sobreabundar.

MENTALIDAD PARA SOBREABUNDAR

El ERROR MAS GRANDE QUE COMETÍ FUE SUBESTIMAR MI POTENCIAL.

La sobreabundancia, como es definida en este libro, simplemente es maximizar tu potencial en cada área de tu vida. Imagina conmigo por un momento como luciría tu vida si estuvieras energizado en todos los cilindros de tu vida:

- ¿Qué niveles de éxito podrías alcanzar?
- ¿Qué tamaño de impacto podría tener tu ministerio?
- ¿Qué tamaño podría llegar a ser tu negocio?
- ¿Qué cantidad podrías tener en el banco?

Otra pregunta no es si puedes dejar una herencia a tus hijos, sino ¡hasta cuantas generaciones! Solo imagínalo. Visualízalo.

¡Es tiempo de abandonar el culto a la mediocridad y despertar a tu potencial de sobreabundancia!

Hace más de 70 años, el sicólogo William James declaró un gran llamado a despertar acerca de la tentación a volverse mediocre y promedio cuando dijo:

Comparado a lo que deberíamos ser, estamos medio despiertos. Nuestros fuegos están llenos de agua, nuestros diseños están controlados, estamos haciendo uso solamente de una pequeña parte de nuestros recursos físicos y mentales.

He diseñado este libro para darte la combinación que abre los recursos ilimitados que Dios ya te ha dado para maximizar tu potencial en cada área de tu vida. Vamos a profundizar en este concepto un poco más adelante en este libro, por lo tanto, te animo a que sigas leyendo.

INVIERTE EN TI MISMO

Solamente el 10 por ciento de los libros comprados por los adultos son leídos completos. No te robes a ti mismo de todo lo que Dios tiene para ti. Invertiste en este libro— ahora invierte en ti mismo y léelo de principio a fin.

MENTALIDAD PARA SOBREABUNDAR

ADOPTA LA CREENCIA QUE TUS OBSTÁCULOS Y ADVERSIDADES SON OPORTUNIDADES PARA AUMENTAR TU POTENCIAL.

En los siguientes 12 meses, mi vida comenzó a contar una historia diferente. Cambié mayormente mi manera de pensar y trabajar. Salí de mi propia estupidez y auto-engaño y admití que estaba gastando demasiado en tarjeta de crédito y mi adicción me había causado tanto estrés y me había robado el poder desatar todo mi potencial.

Hice el compromiso de estudiar todo lo que pudiera acerca del potencial humano. Estaba cansado del dolor en mi vida y quería encontrar de igual manera soluciones reales para sanar el dolor del potencial no desatado en la vida de millones de personas.

Cuando tomé la decisión de trabajar en maximizar todo mi potencial, mi vida entera comenzó a cambiar rápidamente para bien. Mis logros personales, felicidad e ingreso aumentaron. Actualmente, viajo alrededor del mundo dando conferencias en iglesias y en los seminarios de negocios más grandes en el mundo. Vivo en la casa de mis sueños, conduzco el auto de mis sueños y soy completamente libre de deudas, incluyendo las tarjetas de crédito.

Dedico mi tiempo a influenciar a los influyentes de la sociedad, dando coaching a pastores principales desde iglesias pequeñas, medianas hasta mega iglesias; celebridades, oficiales de gobierno, líderes empresariales, millonarios y también a un billonario.

El Dr. Abraham Maslow escribió, "Uno puede elegir regresar a la seguridad o avanzar hacia el crecimiento. El crecimiento debe ser elegido una y otra y otra vez; el temor debe ser vencido una y otra y otra vez."

Solo imagina lo que Dios podría lograr a través de ti si te comprometieras hoy a ir más allá de tus temores y entrarás al puente de la confianza que te lleva a toda una vida de sobreabundancia.

Llave de Coaching:
- Tu POTENCIAL es mayor que tu pasado.
- Tu POTENCIAL es mayor que tu dolor.
- Tu POTENCIAL es mayor que tu oposición.
- Tu POTENCIAL es mayor que tu escasez.
- Tu POTENCIAL es mayor que tu salario.

CAPÍTULO 3

MAXIMIZANDO LAS SEIS COMBINACIONES DE LA CONFIANZA

ABRE Y ACCEDE A TU POTENCIAL DE INTELI-GENCIA DE RIQUEZA

QUE CAUSA QUE ALGUNAS PERSONAS se eleven por encima de la multitud mediocre y se conviertan en más, hagan más, tengan más y ayuden a muchas más personas, mientras que la mayoría tiende a vivir una vida pobre, solo ayudando a unas cuantas personas durante su vida?

Los expertos del potencial humano han estado intentando responder a esta pregunta durante décadas. En mi temporada de dolor, comencé a estudiar este tema por mi cuenta. Me encontré con algo interesante. En 1905, el psicólogo francés Alfred Binet desarrolló la primera prueba de coeficiente de inteligencia (CI). La tesis era que una puntuación alta en esta prueba medía la inteligencia de una persona y en última instancia, podría determinar qué tanto éxito lograría la persona en la vida.

Después de años de estudiar los coeficientes intelectuales (CI) de las personas y sus logros, los científicos descubrieron que un CI más alto no necesariamente tiene una correlación directa con el nivel de éxito de una persona. Estoy seguro que has visto esto en tu propia vida. Todos nosotros tenemos familiares brillantes o amigos que viven muy por debajo de su verdadero potencial. Eso parte el corazón, ¿verdad?

MENTALIDAD PARA SOBREABUNDAR

LA INTELIGENCIA NO NECESARIAMENTE EQUIVALE A ÉXITO. HAY MUCHOS PROFESORES DE UNIVERSIDAD POBRES Y MUCHOS MILLONARIOS QUE ABANDONARON LA SECUNDARIA.

Otro científico sugirió que el ingrediente clave para medir el potencial humano es la Inteligencia Emocional (IE). Esta teoría se basa en la comprensión psicológica de que los pensamientos producen emociones, las emociones producen comportamientos y el comportamiento produce resultados. Entonces, si puedes controlar tus pensamientos, puedes controlar tus emociones, puedes controlar tu comportamiento y en última instancia, tus resultados en la vida.

Un autor publicó un libro que sugiere que nuestro coeficiente espiritual (CE) es el ingrediente clave para maximizar nuestro potencial humano. Después de cruzar el mundo muchas veces y hablar con muchos grupos eclesiásticos diferentes, he observado que algunas de las personas más espirituales con las que me encuentro tienden a ser de bajo rendimiento—incluidos muchos ministros.

MENTALIDAD PARA SOBREABUNDAR

PARA DESATAR TODO TU POTENCIAL, DEBES CONOCER LA PERSONA Y LOS PRINCIPIOS DE JESÚS.

Durante años, pasé tiempo desarrollando una relación con la persona de Jesús, que produce paz en mi vida. Sin embargo, ignoraba muchos de los principios de Jesús que eventualmente me producirían prosperidad. Esto, para mí, es realmente poseer un alto Coeficiente Espiritual (CE).

En mi libro La Solución CL, escribí que estos tres ingredientes: Coeficiente Intelectual, Inteligencia Emocional y Coeficiente Espiritual son contribuyentes importantes para liberar el potencial.

Sin embargo, tu coeficiente de liderazgo (CL) es realmente el ingrediente clave para maximizar el potencial humano. El Coeficiente de Liderazgo es una medida compuesta de las habilidades de liderazgo de una persona que positivamente influencia a personas a unirse a esa persona a lograr resultados deseados que beneficien a otros.

No importa cuán inteligente, cuán apto espiritual, o cuán emocionalmente estable seas, si no puedes lograr que las personas de tu equipo te ayuden a lograr tu sueño, tu potencial siempre será limitado. ¿Por qué? Porque uno es un número demasiado pequeño para la grandeza. Es el trabajo en equipo lo que hace que el sueño funcione. Si no has leído mi libro La Solución CL, te recomiendo que lo tomes pronto en www.LQSolution.com. Está lleno de sabiduría práctica comprobada y de éxito con respecto a la importancia de las habilidades de liderazgo.

EL PROBLEMA COMÚN DE LIDERAZGO

He pasado innumerables horas capacitando personas en todo el mundo para aumentar su inteligencia de liderazgo y hacer una diferencia mayor en su esfera de influencia. Ayudo a las personas a despertar su potencial de liderazgo, les ayudo a desarrollar sus habilidades de liderazgo y los inspiro con las posibilidades divinas de impactar el mundo de una manera nueva y **GRANDE**.

Curiosamente, encontré los mismos problemas y obstáculos una y otra vez. Los líderes comenzaban a desarrollar los equipos necesarios, se convertían en mejores entrenadores y veían un avance y crecimiento increíbles; sin embargo, en cierto punto, mis clientes golpeaban una cortina de hierro invisible y se detenían en seco. *¿Por qué? Porque no tenían suficiente de los recursos necesarios para ver avances adicionales.*

Cuando crees que tienes un potencial y grandeza ilimitada dentro de ti, el desafío que tendrás a lo largo de tu vida es que tus sueños del tamaño de Dios siempre serán más grandes que tus recursos actuales. Sin embargo, Dios promete una provisión de recursos abundantes e ilimitados para toda buena obra.

Y Dios puede hacer que toda gracia [todos los favores y bendiciones terrenales] te lleguen en abundancia, para que siempre [en cualquier circunstancia, independientemente de la necesidad] tengan completa suficiencia en todo [siendo completamente autosuficiente en Él], y tengan abundancia para cada buena obra y acto de caridad (2 Corintios 9: 8 AMP).

Andy Frisella, CEO de 1st Phorm dice: "Tu mayor problema como emprendedor es obtener los recursos necesarios para hacer realidad tu visión".

He entrenado a personas durante años con un principio que mi mentor Bobb Biehl me enseñó: "Como líder, debes saber:

• *Qué* hacer a continuación (prioridades),

• *Por qué* es importante (propósito) y

• *Cómo* obtener los recursos necesarios (plan) para hacer lo que deseas hacer posible".

La persona en cualquier organización que sabe las respuestas a estas tres áreas es el líder real. Si nadie puede responder estas tres preguntas, no hay un líder al timón. ¿Un tipo amable? Por supuesto. ¿Un trabajador diligente? Tal vez. ¿Pero un líder? No. Después de años de ayudar a las personas a desarrollar su potencial, ahora puedo traer claridad fácilmente a la situación individual de cada persona sobre qué hacer a continuación y por qué es importante.

El mayor desafío siempre ha sido el tercer punto: cómo hacer que la persona comience a pensar abundantemente, capte los recursos necesarios y luego haga un plan de acción estratégico.

MENTALIDAD PARA SOBREABUNDAR

NO ES LA FALTA DE RECURSOS,PERO
UNA FALTA DE INGENIO. LO QUE
IMPIDE QUE ALCANCES TU OBJETIVO.

En una habitación de hotel en Singapur, me di cuenta de que es necesario un cuarto coeficiente para que las personas y los líderes maximicen verdaderamente su potencial completo: el Coeficiente de Abundancia (CA). Podrías estar pensando, ¿Qué significa mi Coeficiente de Abundancia (inteligencia de riqueza)?

El Coeficiente de abundancia es tu creencia y convicción de que estás dispuesto, eres digno y capaz de crear, multiplicar, mantener y distribuir recursos abundantes necesarios para servir a millones de personas con un esfuerzo determinado para satisfacer necesidades y solucionar problemas.

¿QUÉ ES EXACTAMENTE LA ABUNDANCIA?

La abundancia o riqueza es una bendición que debe ser aceptada, no una maldición para ser rechazada. Salomón dijo: "La bendición del Señor trae riquezas y no añade tristeza con ella" (Proverbios 10:22 NVI). La palabra "rico" en el idioma hebreo significa "una acumulación de riqueza en constante crecimiento". (Me gusta eso: riqueza en constante crecimiento).

La palabra "riqueza" proviene de la antigua palabra inglesa wela, combinada con la palabra de Inglés Medio *welth*, que significa "felicidad y prosperidad en abundancia" y "bienestar" respectivamente.

Cuando decimos la palabra "riqueza o abundancia", las mentes de la mayoría de las personas van instantáneamente hacia el dinero y la posesión material. Pero déjame asegurarte que esta palabra es mucho más expansiva que tener mucho dinero o posesiones materiales. Aunque quiero que sepas inequívocamente que es una parte muy importante del pastel, no es todo el pastel. Es tu bienestar total e integral.Henry David Thoreau lo expresa de esta manera: "La riqueza o abundancia es la capacidad de experimentar plenamente la vida". Para todos los efectos, defino la riqueza como la maximización de tu potencial en todas las áreas de tu vida. De hecho, discutiremos seis áreas diferentes y un plan para aumentar tu potencial en esas áreas.

ALTO NIVEL DE INTELIGENCIA PARA SOBREABUNDAR SIGNIFICA:

• Tienes abundantes encuentros **ESPIRITUALES** con Dios, por lo que tu espíritu está lleno de energía y poder para funcionar a tu pleno potencial dado por Dios.

• Tienes abundantes **RELACIONES** de calidad para apoyar, cuidar, conectar y trabajar para ti en la construcción de un sueño.

• Tienes **SALUD** abundante y buena para superar la inercia y escalar tu montaña de grandes logros.

• Tienes abundante entendimiento, conocimiento y sabiduría en tu **MENTE** para tomar las mejores decisiones.

• Tienes abundancia de talentos y conjunto de habilidades desarrollados para operar en tu **PROFESIÓN** en niveles de calidad mundial en el entorno global en crecimiento.

• Tienes abundante **DINERO** u objetos de valor para vivir un estilo de vida abundante, funcionas en tu propósito, confirmas el pacto de Dios en la tierra, resuelves cualquier problema que enfrentes, compras propiedades o herramientas necesarias, contratas a las personas adecuadas, ayudas a las multitudes y cumples con la misión que Dios te ha asignado.

Muchos supuestos "gurús" comparten una "llave" secreta para obtener riqueza. Lamento darte la noticia, pero no hay una llave. Una llave implica que si aprendes un guión, una habilidad y una estrategia, también puedes pronto estar durmiendo con montones de efectivo como Scrooge McDuck. Lo siento. No funciona de esa manera. Puedo asegurarte que esa llave no existe. Lo que existe es una combinación de tipos de confianza que conducen a la sobreabundancia. Con estos tipos de confianza, puedes maximizar tu potencial en seis áreas cruciales de tu vida. Creando una vida verdaderamente llena de prosperidad y abundancia.

Llamo a estas seis áreas de la vida: Seis Combinaciones para la sobreabundancia. La combinación para tener una Inteligencia de Abundancia alta y una verdadera riqueza es el resultado de estar saludable:

- Espiritual
- Mental
- Relacional
- Profesional
- Física y
- Financieramente

Permíteme explicar esto desde un punto de vista integral con esta ilustración que usaremos a lo largo del libro.

Cada uno de estos componentes de la sobreabundancia es igualmente importante e interconectado. Al igual que con cualquier combinación, si dejas de hacer un alto en uno de estos puntos determinantes, bloquearás el acceso a tu potencial.

La pobreza o la falta de recursos es el resultado de relaciones rotas en una o más de esas seis combinaciones. La sobreabundancia es el resultado de una interacción saludable entre todas las seis combinaciones para sobreabundancia y es una señal de poseer un alto coeficiente de sobreabundancia.

MENTALIDAD PARA SOBREABUNDAR

NO HAY UNA SOLA SOLUCIÓN PARA LA SOBREABUNDANCIA. ES UNA COMBINACIÓN, NO ES UNA LLAVE, QUE ABRE TODOS LOS RECURSOS ILIMITADOS DE DIOS PARA TU VIDA.

Antes de preocuparnos pensando demasiado que generar riqueza se trata de nosotros, recordemos lo que Jesús, el Creador del Universo, el Hijo de Dios, el Hombre más brillante y rico del lugar, dijo: "El Hijo del Hombre vino a servir". no para ser servido y para dar su vida en rescate por muchos "(Mateo 20:28 además ver Filipenses 2). Así es como Dios el Hijo se condujo a Sí mismo, en humildad sirviendo a las multitudes. Esta es Su perspectiva de riqueza.

Para que todas las personas y organizaciones prosperen hoy, deben pensar acerca de hacer un impacto positivo a nivel local y global. Tenemos que crear estrategias para poder servir y proporcionar más valor a más personas en todo el mundo.

MENTALIDAD PARA SOBREABUNDAR

TU RIQUEZA ES DETERMINADA EN PROPORCIÓN DIRECTA AL VALOR QUE OFRECES A LAS MULTITUDES EN EL MUNDO DE LOS NEGOCIOS.

La marca de la verdadera riqueza es determinada por cuanto uno puede ofrecer –T. Harv Eker, Best-Selling Author of The Millionaire Mind

¿ACERCA DE QUIÉN TRATA?

Recuerdo que hace años conocí a un pastor en una de mis reuniones anuales de liderazgo en Tampa, Florida. Era un tipo mayor, de aspecto normal, un poco gordo, tenía un acento sureño fuerte y pude ver durante la conversación con él que su coeficiente intelectual era promedio. Después de la conferencia, el pastor me invitó a ir a hablar en su iglesia del campo rural. Yo educadamente, aunque vacilante, acepté.

Nunca olvidaré el domingo por la mañana que llegué para el servicio de la iglesia. La iglesia no era pequeña. Era una mega iglesia en el medio de la nada.

Había varios servicios simultáneos llenos en el santuario, el gimnasio y la sala para jóvenes. Todo el tiempo que estuve allí, seguí rascándome la cabeza, pensando: ¿Cómo es capaz de lograr esto?

Durante el almuerzo, finalmente tuve que preguntarle cuál era el secreto de la gran asistencia. Él dijo: "Es muy simple, Keith, se trata de nuestra declaración de misión. Es solo una palabra, ¡OTROS! ". Qué afirmación sencilla pero profunda que conduce al éxito.

El lema del gran triunfador es: "Lo que hagas que suceda para los demás, Dios hará que suceda para ti".

Zig Ziglar era famoso por decir constantemente: "Puedes tener cualquier cosa que quieras en la vida si estás dispuesto a ayudar a otras personas a obtener lo que quieren en la vida". Efesios 6: 8 (NIV) revela este mismo secreto: **"El Señor recompensará a cada uno por el bien que hagan, ya sean esclavos o libres "**.

Probablemente estés pensando, *Esto suena genial, pero ¿cómo se aplica esto a mí en un nivel práctico?*

APLICACIONES BÁSICAS

Las siguientes son algunas aplicaciones básicas a considerar:

• Crea un negocio de servicios que cree cientos, si no miles, de trabajos para servir a tu comunidad local y a las multitudes.

• Crea excelentes productos que las multitudes necesitan o usan.

• Construye edificios de apartamentos para alojar familias.

• Usa las redes sociales para agregar valor de inspiración e información a las multitudes.

• Ayuda y educa a otros sobre cómo descubrir sus dones, talentos y sueños.

Es increíble lo que sucede cuando cambiamos nuestro enfoque de estar centrado en el yo y pasar a enfocarnos a la riqueza. La Biblia nos da algunos ejemplos grandes de los cuales extraer verdad y sabiduría.

Job era el hombre más rico del este, pero en un momento lo perdió todo. Durante una temporada comenzó a enfocarse en sí mismo y hacer todas las preguntas incorrectas. Sin embargo, su vida cambió instantáneamente cuando comenzó a aplicar la combinación de Coeficiente de Riqueza, cuando comenzó a orar por sus amigos. Al final de su crisis, recibió el doble por todos sus problemas.

Cuando una viuda alimentó a un profeta cansado con su última comida, ella recibió ayuda cuando su hijo moribundo fue sanado (1 Reyes 17).

Otro hombre muy rico de la Biblia, Isaac tenía una mentalidad de coeficiente de riqueza para alimentar, servir y ayudar a las multitudes. Durante una terrible hambruna, decidió plantar semillas en el suelo para cultivar alimentos, así tendría suficiente y además podría proporcionar alimentos a otros en la región.

Isaac sembró en aquella región, y ese año cosechó al ciento por uno, porque el Señor lo había bendecido. Así Isaac fue acumulando riquezas, hasta que llegó a ser muy rico. Esto causó que los filisteos comenzaran a tenerle envidia, pues llegó a tener muchas ovejas, vacas y siervos. (Génesis 26: 12-14 NVI)

Como iglesia, debemos preguntarnos: "¿Cuáles son los problemas más grandes y las necesidades más profundas que sienten los seres humanos?"

La persona adinerada que enfrente esta pregunta a nivel instintivo experimentará una evolución de cambio en la forma de pensar, estrategia, estilo, marca y el espíritu de sus negocios y ministerios florecerá, prospera y tocará a las multitudes.

Es tiempo que rompas la barrera final de resistencia que te impide alcanzar tus sueños aprendiendo las Seis Combinaciones de la Riqueza.

CAPÍTULO 4

CONFIANZA PARA LA RIQUEZA ESPIRITUAL

VENTAJAS DIVINAS Y OPORTUNIDADES PARA EL ÉXITO.

DIOS YA HA DECIDIDO TU ESTADO FUTURO en lo espiritual, mental, profesional, físico y económico. Su deseo para ti es que seas sobreabundante: "Pero recuerda al Señor tu Dios, porque es Él quien te da la habilidad de producir riqueza "(Deuteronomio 8:18 NVI).

Crecer en las seis áreas del Coeficiente de Riqueza ya no se trata de "Dios decidiendo". Él ya ha decidido. Ahora está en tus manos. Tú decides. Tienes que aceptar el don de la responsabilidad y apropiarte de lo que Dios te ha dado—y hacer algo al respecto.

Tu ruta hacia vivir sobreabundante requiere una combinación, una mezcla de herramientas, ideas, estrategias, filosofías y fórmulas. En los siguientes capítulos, descubrirás cómo crecer en cada una de estas áreas. Comenzamos con el crecimiento de tu riqueza espiritual.

Es importante que reconozcas y admitas que Dios es la "salsa secreta" para vivir sobreabundante. Él te da una ventaja divina positiva. La "salsa secreta" máxima para el éxito.

El rey Uzías entendió cómo aprovechar la realidad de que Dios otorga riquezas: "Mientras buscó al Señor, Dios lo hizo prosperar" (2 Crónicas 26: 5).

José también aprendió cómo Dios puede hacer que una persona tenga éxito, a pesar de la estrategia de sus hermanos para hacerlo fracasar:

El Señor estaba con José, y él [a pesar de ser un esclavo] se convirtió en un hombre exitoso y próspero; y él estaba en la casa de su amo, el egipcio (Génesis 39: 2 AMP).

MENTALIDAD PARA SOBREABUNDAR

EL DINERO MAGNIFICA; NO MEDICA.

Cuando las personas carecen de una relación con Dios, siempre habrá un vacío, un sentimiento de falta, que algo falta en sus vidas. Construir un imperio financiero, escalar la escalera corporativa, promociones en el trabajo o acumular grandes riquezas en realidad aumentará y acentuará el vacío en lugar de llenarlo.

MENTALIDAD PARA SOBREABUNDAR

TU ESPIRITUALIDAD ES UN BALDE DE GASOLINA SOBRE EL FUEGO DE TU RIQUEZA O UN BALDE DE AGUA QUE EXTINGUE LA LLAMA.

Cuando hablo con personas espirituales, me encuentro enseñando los principios pragmáticos para lograr el éxito en la vida y crear riqueza para alcanzar sus sueños. Y cuando hablo con gente de negocios, me encuentro enseñando sobre la importancia de la espiritualidad.

En los seminarios, a menudo digo en broma: "Cuando tenía 23 años, era un pecador profesional. Si vas a ser algo en la vida, no seas un aficionado, sé un profesional de calidad mundial". Trabajaba todo el día para ganar dinero y poder festejar toda la noche.

LLENANDO EL VACÍO

Pero durante ese tiempo, Dios me expuso a algunas situaciones que eventualmente cambiarían mi vida. Trabajaba en un ambiente lleno de gente financieramente adinerada que usaba varios trajes a la medida de miles de dólares y zapatos de cocodrilo, relojes Rolex y escribía con bolígrafos Montblanc de mil dólares.

Este era un mundo nuevo para mí. Fui criado en una pobreza extrema. En la escuela primaria, tuve que robar lápices y bolígrafos Bic porque mis padres no podían pagar los útiles escolares. Pensar que la gente tenía bolígrafos u otros instrumentos de escritura que costaban entre $ 300 y $ 20,000 fue un impacto para este muchacho del campo.

En consecuencia, quería todos los adornos ostentosos, campanas y silbatos que hacen que una persona se vea sobreabundante. Ganar dinero todo el día y salir de fiesta toda la noche era toda mi búsqueda en la vida, pero estaba decidido a hacer lo que fuera necesario para cumplir mis deseos egoístas. Estaba viviendo esa canción clásica del grupo KISS, "¡Quiero bailar rock and roll toda la noche y hacer fiesta todos los días!"

Hubo varias "personas religiosas" que se acercaron a mí en el trabajo y me dijeron: "Debes arreglar tu vida con Dios". Tienes que ir a la iglesia. "Por supuesto, no quería tener nada que ver con ellos. Estaba orgulloso de ser uno de los mejores productores de la compañía. Los miraba con desprecio porque en realidad eran algunos de los peores productores.

Mientras estaban acurrucados en la esquina de la oficina orando por un día exitoso y leyendo la Biblia, yo estaba presionando y haciendo los cierres de sus ventas. Cuando miraba sus vidas, clasificaba a todos los cristianos en tres categorías:

1. Quebrados en sus finanzas y perezosos. (No quería estar en quiebra y no era perezoso.)

2. Nerds. (Yo era demasiado guapo para ser un nerd.)

3. Infeliz. (Yo quería divertirme.)

No ayudó que en casi todas las iglesias a las que asistí, escuché que el orgullo era algo que debía ser rechazado y condenado. Porque yo tenía orgullo en mí mismo y en mis habilidades profesionales, me sentía como un pecador cada vez que asistía a la iglesia. Entonces, comencé a odiarme a mí mismo y a la iglesia más y más.

RELIGIÓN VERSUS CRISTIANISMO

La religión ha contribuido hoy a la falta de confianza de muchas personas. Es importante distinguir entre orgullo positivo y orgullo negativo. El orgullo negativo es esa sensación de arrogancia que se jacta: "Puedo hacer todo solo". Es exactamente lo opuesto a la humildad.

El orgullo positivo es la confianza a la que Jesús nos inspira cuando dijo: "En verdad te digo, el que cree en mí hará las obras que he estado haciendo y harán cosas aún mayores que estas" (Juan 14:12 NVI). El apóstol Pablo encarnó esto cuando dijo: "Todo lo puedo en Cristo que me fortalece" (Filipenses 4:13).

Un domingo por la mañana decidí asistir a una iglesia moderna y vibrante, donde escuché el verdadero mensaje del evangelio por primera vez. Fue sencillo: "Dios te ama". Jesús vino a morir en tu lugar y a perdonarte todos tus pecados. La gracia de Dios puede borrar toda tu culpa y vergüenza de todo el mal que hiciste durante toda tu vida. Dios no recordará tu pasado de hoy en adelante. Tengo buenas noticias, todo lo que tienes que hacer es creer en Jesucristo. Tu vida puede cambiar para bien a partir de hoy ".

La declaración del asunto de la "culpa y vergüenza" realmente me llamó la atención, porque sentía mucha culpa y vergüenza por las cosas malas que venían con mi pasado. Entonces el pastor citó esta Escritura del Evangelio de Mateo: ¿Para qué le sirve al hombre ganar el mundo entero y perder su alma? ¿O qué dará un hombre a cambio de su alma? (Mateo 16:26)

¡Guau! Pensé, ¡Él me está hablando! He estado persiguiendo al dinero como una mosca que nunca podré atrapar. Para ser honesto, probablemente habría vendido mi alma por un BMW en ese momento si alguien me lo hubiera ofrecido. Pero después de escuchar la palabra verdadera de Dios, me rendí a los impulsos y llamado de Dios, me humillé y decidí entregar mi vida a Jesucristo.

BAM! ¡Ocurrió! Algo se rompió dentro de mí y no podía explicarlo por completo. No quería hacer las cosas que solía hacer. Dejé de ir a bares, fumar, consumir drogas y perseguir mujeres. Comencé a asistir a la iglesia semanalmente, oraba a diario y leía el libro de éxito número uno de todos los tiempos: la Biblia. Eso sucedió hace más de 25 años y nunca he vuelto atrás.

MENTALIDAD PARA SOBREABUNDAR

TÚ ERES UNA CRIATURA ESPIRITUAL CUYAS NECESIDADES MÁS PROFUNDAS SOLO PUEDEN SER LLENAS Y SATISFECHAS EN UN NIVEL ESPIRITUAL.

Sin una comprensión adecuada de tu riqueza espiritual, continuarás chocando contra un techo de cristal invisible, limitando tu coeficiente de riqueza y causando que permanezcas estancado donde te encuentras en la vida. Ahora quiero revelarte los tres frenos principales de la riqueza espiritual:

1. El poder negativo de la vergüenza

2. La pesada carga de la culpa

3. La pérdida personal de identidad

Además de estos frenos hay tres destructores de riqueza que trabajan en tu contra:

1. La indecisión. Debes tener un hambre, deseo e impulso para decidir, elegir volverte sobreabundante y aumentar tu coeficiente de riqueza. ¿Cuál es la diferencia principal entre ricos y pobres? Los ricos eligen volverse ricos y los pobres nunca toman esa decisión.

2. Desvalorización. Si no crees que eres digno de recibir riqueza, hay personas listas y dispuestas a destruir tu dignidad y sentido de valor. Te lo mereces, no por lo que has hecho, sino por lo que Dios ha prometido.

3. Incapacidad. Debes tener confianza en tu capacidad para avanzar en la vida. "No creo que pueda" surge desde la actitud más profunda de "No creo que yo soy". El dolor de habilidad insuficiente destruye tu potencial.

Recuerda, las fuerzas opuestas más poderosas en la tierra son la confianza y la vergüenza.

En Génesis 2:17, leemos que Dios hizo un hombre supremamente confiado a su propia imagen y según su propia semejanza. En Génesis 2:25, descubrimos que uno de los atributos claves de una vida espiritual próspera que Dios dio a los humanos para desatar su potencial en la tierra: **"Y estaban ambos desnudos, el hombre y su esposa y no se avergonzaban".**

La fuerza negativa y destructiva de la vergüenza no se revela hasta después de la caída de la humanidad, cuando la brecha comienza a ampliarse en la confianza de la relación entre la humanidad y su Creador.

Entonces él [Adam] dijo: "Oí tu voz en el jardín y tuve miedo porque estaba desnudo; y me escondí "(Génesis 3:10).

EL IMPACTO DE LA VERGÜENZA SOBRE LA RIQUEZA FINANCIERA

Mi propia vergüenza me quitó la confianza y me hizo hacer lo que hizo Adán en su vergüenza. Esconderme encubriendo mi crisis financiera durante años. ¿A quién podría acudir cuando apareciera ante mi familia, amigos, vecinos de al lado y compañeros como si me estaba yendo bien económicamente, pero realmente estaba hundiéndome en las arenas movedizas de la deuda? ¿A quién podría acudir cuando era el supuesto hombre de Dios, el dueño de negocio y cuando las presiones financieras llegaron? La vergüenza nos dice que no podemos confiar en nadie y que la gente pensará menos de nosotros sí saben que estamos en problemas.

MENTALIDAD PARA SOBREABUNDAR

EXPONER LA REALIDAD TE TRANSFORMA Y PROVEE LA CONFIANZA PARA COMENZAR OTRA VEZ. LA VERGÜENZA TE ESCLAVIZA, PERO LA VERDAD TE HACE LIBRE.

Así que seguí ocultando mi crisis financiera y las tarjetas de crédito me ayudaron a mantener la fachada. Nunca olvidaré la humillación que sentí cuando busqué un profesional para ayudarme a enderezar mis finanzas. Tuve que quitar la máscara y dejar que viera todos los años de mentiras y engaños que esperaba que nunca nadie descubriera.

Para mi sorpresa, él me aplaudió por mi osadía de enfrentar los hechos. La vergüenza odia ser expuesta. Cuando quité la máscara y expuse el desastre, instantáneamente sentí que un peso se levantaba de mis hombros. Entonces, de repente, las soluciones sobre cómo salir del agujero comenzaron a aparecer.

La vergüenza no tiene prejuicios económicos. La vergüenza

y la culpa te harán sentir mal contigo mismo cuando seas pobre, pero también intentan hacer que las personas adineradas se sientan mal cuando tienen abundancia de dinero.

En la escuela primaria, siempre me avergonzaba de tener que usar jeans de Kmart. Sin embargo, un amigo rico, intencionalmente vestía jeans rotos y camisetas sucias porque estaba avergonzado de la riqueza de sus padres.

MENTALIDAD PARA SOBREABUNDAR

LA VERGUENZA Y LA CULPA SON LAS PLAGAS DE LA POBREZA ESPIRITUAL, PERO LA CONFIANZA EN DIOS ES LA CURA QUE TE LLEVA A VIVIR SOBREABUNDANTE

EL IMPACTO DE LA VERGÜENZA SOBRE TU RIQUEZA PROFESIONAL

Adán y Eva pensaron que no eran lo suficientemente buenos para estar cerca de Dios, así que se escondieron. La vergüenza es la cortina detrás de la cual nos escondemos cuando nos sentimos inadecuados e indignos. Es una fuerza poderosa. De hecho, a menudo se siente mejor usar nuestra vergüenza para evitar que tomemos medidas, que soportar la carga de un posible fracaso. Cuando piensas que no eres lo suficientemente bueno, no intentarás hacer algo que nunca has hecho antes.

Tu verdadero potencial se descubre cuando tienes la confianza para probar algo nuevo. Nunca descubrirás tu potencial total hasta que haya una exigencia sobre ello.Cuando algo nuevo o una oportunidad, se presenta en tu campo profesional, la confianza hace que te levantes, des un paso al frente y aceptes el desafío porque sabes que Dios está de tu lado y que puedes hacerlo.

EL IMPACTO DE LA VERGÜENZA SOBRE TU RIQUEZA RELACIONAL

La presencia fea de la vergüenza te impide desarrollar mejores relaciones. De la misma manera que la vergüenza desconectó a Adán y a Eva de una relación con Dios, si no se trata, la vergüenza puede evitar que nos conectemos con las personas que pueden ayudarnos a llegar a donde queremos ir en la vida.

La vergüenza te impide pensar que eres digno de relacionarte con personas de un estatus superior. Por lo tanto, tu riqueza relacional será pobre. La confianza dice: "Nadie es mejor que yo y yo no soy mejor que los demás". Pertenezco a estar en presencia de la grandeza ".

EL IMPACTO DE LA VERGÜENZA SOBRE LA RIQUEZA FÍSICA

Dios quería que la humanidad viviera para siempre; sin embargo, Génesis 5: 5 revela el resultado final de la vergüenza: "Todos los días que Adán vivió fueron novecientos treinta años; y él murió."

David R. Hawkins, MD, PhD, es un reconocido psiquiatra y científico que pasó una buena parte de su vida estudiando la conexión entre las emociones humanas y el cuerpo. En su libro Poder vs. Fuerza, revela cómo la emoción afecta el cuerpo físico. El Dr. Hawkins descubrió que la culpa y la vergüenza son las dos emociones más destructivas que puede experimentar un ser humano: de hecho, debilitan el cuerpo físico.1

Los estudios de Hawkins concluyeron que las emociones más poderosas que un ser humano puede experimentar son paz, alegría, amor y estas emociones fortalecen el cuerpo físico con gran fortaleza.

Porque el Reino de Dios no es una cuestión de lo que comemos y bebemos, sino de vivir una vida de bondad y paz y gozo en el Espíritu Santo (Romanos 14:17 Nueva Traducción Viviente).

EL IMPACTO DE LA VERGÜENZA SOBRE LA RIQUEZA MENTAL

Cuando Adán fue interrogado por Dios acerca de por qué comió del árbol prohibido, Adán culpó a su esposa. Las personas basadas en la vergüenza son tan inseguras y mentalmente débiles que no tienen la confianza para asumir la responsabilidad o propiedad de sus acciones. La vergüenza y la culpa son hermanas. La vergüenza siempre culpa a alguien o algo más.

Solía culpar a todos por lo que estaba mal en mi vida. En lugar de aceptar mi responsabilidad, echaba la culpa a Dios, al diablo, mi esposa, mi educación, mi jefe, al gobierno, la economía y cualquier otra cosa que pudiera justificar en mi mente.

Durante mi crisis financiera, cuando vivíamos con mi suegra, recuerdo salir por la puerta y dirigirme hacia mi automóvil. Miré hacia el cielo y grité: "¿QUÉ ME ESTÁ DETENIENDO?" Abrí la puerta del auto, entré y encendí la radio. Sorprendentemente, había un profeta cantando. Subí el volumen. Su nombre era Michael Jackson.

¡¿*Qué?!* te estarás preguntando. Sí, en ese momento, fue un profeta que respondió mi pregunta cuando cantó: "Estoy empezando con el hombre en el espejo, le estoy pidiendo que cambie sus maneras y hábitos".

Durante años, escuché a los pastores decir: "Debes tener una pequeña charla con Jesús". Sin embargo, descubrí que necesitaba tener una conversación seria conmigo mismo. Cuando volví a casa esa noche, me encerré en el baño, me miré directamente al espejo y me permití tener esa conversación. Acepté la responsabilidad del desorden financiero, mi orgullo y todo lo que había hecho que sabía que estaba mal y que culpé a alguien más. ¡Qué alivio! Me sentía como un hombre nuevo, un hombre íntegro, un hombre que podía cambiar el mundo, un acto de perdón a la vez de mi Padre celestial.

MENTALIDAD PARA SOBREABUNDAR

TOMAR EL 100 POR CIENTO DE RESPONSABILIDAD POR LA CONDICIÓN DE TU VIDA ES EL PRIMER PASO PARA EDIFICAR VERDADERA RIQUEZA. EL SEGUNDO PASO ES APROPIARTE DE TU CONDICIÓN AL HACER LO QUE SEA NECESARIO PARA CAMBIARLA.

Así que déjame preguntarte, ¿has tratado con la persona en el espejo últimamente?

LA VERGÜENZA ATACA TU CONFIANZA CON EL DIALOGO INTERNO NEGATIVO

Cuando hablo en conferencias, a menudo le pregunto a la multitud: "¿Cuántos de ustedes han tenido personas que dicen cosas realmente negativas sobre ustedes?" Por supuesto, todos levantan la mano. Luego digo: "Nadie ha hablado más negativamente" sobre ti que TÚ!".

No puedes edificar riqueza interna al continuar atacándote sobre tus comportamientos o fracasos actuales y pasados. Si no te perdonas a ti mismo, continuarás pensando que mereces ser castigado e inconscientemente harás cosas malas para sabotear tu éxito futuro y limitar tu riqueza.

Los psicólogos han descubierto que por cada 10 minutos de negatividad que escuchas, necesitas 100 minutos de algo positivo para borrar esos pensamientos de tu mente subconsciente. Pasé un año renovando mi mente al meditar en las siguientes

Escrituras para borrar los efectos del diálogo interno negativo.

Ahora, pues, ninguna condenación hay para los que están en Cristo Jesús, los que no andan conforme la carne, sino conforme el Espíritu (Romanos 8: 1).

Si confesamos nuestros pecados, Él es fiel y justo para perdonar nuestros pecados y limpiarnos de toda maldad (1 Juan 1: 9).

Cuanto está lejos el oriente del occidente,

Hizo alejar de nosotros nuestras transgresiones (Salmo 103: 12).

MENTALIDAD PARA SOBREABUNDAR

CONVIERTE TU CRITICO INTERNO EN UN COACH INTERNO. DIOS NO CONSULTA A TU PASADO PARA DETERMINAR TU FUTURO

EL IMPACTO DE LA VERGÜENZA Y LA CULPA SOBRE TU RIQUEZA ESPIRITUAL

La vergüenza dice: "Estoy avergonzado de lo que soy". La vergüenza puede ser difícil de superar porque ataca a quien eres, no a lo que haces. La vergüenza siempre te hace sentir que eres una persona mala y que eres el problema. Este es el sentimiento de mucha gente que ha tenido una experiencia de abuso sexual. Los culpables dejan a sus víctimas sintiendo que es su culpa.

La culpa dice: "Me siento mal por lo que hice". La culpa dice que nuestro comportamiento o nuestras acciones son malas. La culpa puede ser saludable porque nos permite saber que hemos violado nuestros valores personales. Cuando hacemos algo malo, la culpa nos dice que tenemos que volver y arreglarlo.

Si no te perdonas a ti mismo, la culpa por tus comportamientos incorrectos puede pasar a las emociones tóxicas de la vergüenza. Entonces tu mente pasa de, me siento mal acerca de que he hecho al basurero del pensamiento que dice, "soy una persona mala".

Jesús odia lo que el poder negativo de la vergüenza le hace a la humanidad. Odia tanto la vergüenza que voluntariamente tomó nuestra vergüenza para que podamos ser totalmente perdonados y libres de la vergüenza: "por el gozo puesto delante de él [Jesús] soportó la cruz, menospreciando la vergüenza." (hebreos 12: 2).

MENTALIDAD PARA SOBREABUNDAR

LA CULPA Y LA VERGÜENZA TE MANTIENEN EN EL SUBIBAJAS DEL AMOR BASADO EN EL DESEMPEÑO, PERO LA CONFIANZA BASADA EN EL PERFECTO AMOR DE DIOS ES EL GRAN ECUALIZADOR.

Dios ha perdonado y olvidado tu pasado. Ahora es el momento de perdonarte a ti mismo. La única persona que puede continuar condenándote eres tú. ¡Rompe ese ciclo ahora!

TU VERDADERA IDENTIDAD

Los discípulos querían aprender a orar. Jesús les enseñó una oración que los liberaría para siempre de las fuerzas paralizantes de la inseguridad y el poder desmoralizador de la culpa y la vergüenza. Él les reveló su verdadera identidad.

MENTALIDAD PARA SOBREABUNDAR

DIOS NO QUIERE ESCLAVOS Y SIRVIENTES. ÉL QUIERE HIJOS E HIJAS.

Durante siglos se le conoce como El Padre Nuestro, pero yo lo llamo la oración de la confianza.

Jesús trata con nuestra vergüenza, culpa y problemas de identidad desde el comienzo cuando comienza la oración con: "Padre nuestro que estás en los cielos" (Mateo. 6: 9). Por favor ten en cuenta que Jesús no comenzó la oración con "crítico nuestro, cínico nuestro o policía nuestro". Tristemente, la mayoría de las personas ven a Dios como un severo oficial de policía en lugar de nuestro máximo coach o entrenador.

Más bien, Dios es nuestro Padre amoroso. Somos sus hijos. Somos miembros de su divina familia real. Es su nombre el que está en la parte de atrás de nuestra camiseta, no el de un jugador de fútbol o baloncesto. Esa debería ser nuestra confianza. La buena noticia del Evangelio es que ahora estamos identificados con la familia de Dios.

La oración de confianza nos llama a esta afirmación: "¡Yo sé quién soy! ¡Dios es mi Padre! Soy su hijo. Soy alguien. Llevo su nombre honorable. Soy amado. Soy valioso. Estoy perdonado. Soy aceptado completa e incondicionalmente por mi Padre ".

REFERENCIAS

1. David R. Hawkins, MD, PhD, Power vs. Force (Carlsbad, CA: HayHouse, Inc., 2014), 68-69.

SEIS
COMBINACIONES
PARA SOBREABUNDAR

CAPÍTULO 5

CONFIANZA PARA LA RIQUEZA EN TU MENTE

EL CENTRO DE COMANDO DE TUS PODERES CREATIVOS

D IOS EL CREADOR TE HIZO ÚNICO y te dio un activo muy valioso: tu mente. Con tu mente, tienes la capacidad de elegir y tomar decisiones que crean y forman tu futuro. Las decisiones finalmente deciden tu riqueza.

Por lo tanto, uno de tus mayores recursos para crear un estilo de vida de sobreabundancia es tu mente. La mayor inversión lógica debe ser agregarle valor a tu mente. Para convertirte en una persona abundante, debes comenzar a pensar abundante como Dios. Eso es lo que nos dice Proverbios 4: 7 que obtener sabiduría es lo más sabio que podemos hacer. Necesitamos aprender a pensar como Dios.

Tomemos un momento y consideremos qué nos diferencia de un pájaro, un elefante, un pez, una flor o la luna y las estrellas. Sin duda, el Creador le dio a la raza humana la capacidad y habilidad única de pensar.

MENTALIDAD PARA SOBREABUNDAR

EL RECURSO MÁS GRANDE DE TU MENTE ES TU PODER CREATIVO DE IMAGINACIÓN DADO POR DIOS.

Con nuestras mentes, se nos ha dado la increíble capacidad de imaginar. Tu imaginación te brinda la capacidad de crear imágenes rápida e instantáneamente en tu mente basadas en tus cinco sentidos:

1. Audición

2. Olfato

3. Tacto

4. Gusto

6. Visión

Imaginar es la capacidad de la mente para ser creativa e ingeniosa. La acción de formar nuevas ideas, soluciones, imágenes y escenas de eventos futuros que actualmente no están presentes.

MENTALIDAD PARA SOBREABUNDAR

LO QUE VES EN TU MENTE CON EL TIEMPO SE CONVIERTE EN UN ADELANTO DE LO QUE VIENE EN TU FUTURO.

Cuando vas al cine, los 15 minutos antes de la presentación están llenos de avances de películas que se lanzarán en el futuro. Nuestras imaginaciones pueden hacer lo mismo en el sentido de que podemos imaginar lo que queremos ver, hacer, planificar, en el futuro; luego podemos hacerlo posible, si elegimos hacerlo.

Quiero que digas en voz alta, "elefante rosado". ¿Lo dijiste? ¡Hazlo ahora! Di en voz alta, "elefante rosado". Ahora, ¿viste un elefante rosado en tu mente? Sí. Por supuesto que sí. ¿Hay algo así como un elefante rosado? No. Pero tú creaste uno con tu imaginación.

Desafortunadamente, no entendí en realidad el poder de la imaginación hasta a finales de mis años 30 después de haber alcanzado cierto grado de éxito. Estaba atrapado siguiendo los pasos de mis rutinas diarias, haciendo lo que tenía que hacer para mantener el negocio en funcionamiento. No dejaba que mi imaginación del futuro me impulsara; Estaba dejando que el hábito de la rutina me restringiera.

LOS ENTRENADORES ENSANCHAN TU LIMITACIÓN MENTAL

Me di cuenta de que necesitaba un entrenador. Alguien que viniera a mi lado y me desafiara en mi misma esencia. Estaba en una niebla mental y necesitaba claridad y dirección.

La primera sesión con mi nuevo entrenador contratado comenzó con esta pregunta: "¿Cómo es la imagen de tu futuro en los próximos 10 años de tu vida?" ¿¡Diez años!? Para ser honesto, era difícil para mí ver más allá de la próxima semana. Entonces comencé a citar mis clichés cristianos anuales. Estoy seguro de que has escuchado esto antes. "Este va a ser un año de favor". Este es el año del avance, este es el año del cambio divino. Este es el año de esto o lo otro ".

La respuesta de transformación de mi entrenador fue: "Keith, tu primer problema es que estás pensando demasiado pequeño. El pensamiento pequeño crea una motivación pequeña. ¿Por qué solamente estás pensando en un año? ¿Por qué no piensas en décadas? ¿Por qué no usas tu imaginación y sueñas como si la próxima década fuera la mejor de tu vida? "

MENTALIDAD PARA SOBREABUNDAR

LO QUE ES VISIBLE LLEGA A SER CREÍBLE Y LO QUE ES CREÍBLE SE VUELVE POSIBLE.

Cuando empiezas a pensar como Dios piensa, sin limitaciones, generacional y futurista, tu nivel de motivación aumentará. Una motivación más intensa hace que tomes medidas masivas para crear resultados nuevos y más grandiosos en tu vida. Estás motivado para convertirte en lo que te imaginas que eres. Comienzas a exigir más de la persona que serás en el futuro.

Estar inmerso en la cultura de la iglesia durante más de dos décadas me había condicionado a pensar anualmente en vez de futurista. Un estudio encontró que los súper ricos piensan con años de anticipación, la clase media tienden a pensar solo hasta el final de la semana o el período de pago y los pobres tienden a pensar en la próxima hora o en cómo satisfacer las necesidades inmediatas.

El comediante George Burns, a los 99 años de edad, tuvo la previsión de firmar un contrato de 10 años con el Caesars Palace. Dijo que iba a exigir un contrato de 20 años, pero no pensó que estarían en el negocio por tanto tiempo. ¡Ahora eso es pensamiento con visión de futuro!

Dios te dio una imaginación para poder crear. Antes de que Dios crease todo, Él lo vio en Su imaginación antes de que Él lo hablara a la existencia. Todo lo que creó estaba en la mente de Dios antes de que se convirtiera en realidad. ¿Cómo? Dios usó su imaginación. Recuerda, Dios nos creó a Su semejanza y en Su propia imagen y Dios nos dio una herramienta, nuestra imaginación, un creador de imágenes.

Tú tienes la habilidad de crear estas imágenes de vivir sobreabundante en tu mente. Los animales, las flores y el sol tienen la capacidad de producir, pero no tienen la capacidad de imaginar y producir algo que nunca se haya creado antes. Una flor puede reproducir otra flor, pero no puede crear un invernadero. Un pez puede reproducir otro pez, pero no puede crear un barco de pesca. El sol puede producir luz, pero no puede crear un panel solar.

Todo lo creado en realidad fue creado dos veces. Una vez en lo invisible con la mente y luego en lo físico. Todo lo que se creó comenzó como una imagen generada por la imaginación de alguien.

Tu imaginación es lo que te da poderes para crear "como Dios". Esto es lo que te hace una creación superior y te separa del sol, la luna, las plantas, los animales e incluso los ángeles y los demonios.

ENCIENDE LA FÁBRICA DE LA IMAGINACIÓN

Es hora de despertar y activar tu imaginación. Dios ya te ha dado todo lo que necesitas para tener éxito. Con las herramientas adecuadas, el éxito puede ser mucho más fácil de lo que piensas. Las herramientas te ayudan a acelerar el proceso y tu progreso. Sin embargo, las herramientas no utilizadas hacen que tu progreso sea más lento y más difícil de lo necesario.

Activa tu imaginación para crear una visión 10 veces mayor. El propósito de tu imaginación es reproducir la vista previa de tu futuro potencial. Nunca puedes aprovechar todo tu potencial a menos que puedas imaginarte lograr algo inusual en tu futuro. Walt Disney imaginó un gran parque temático donde las familias pudieran ir a disfrutar del entretenimiento y la diversión: un lugar donde la gente pudiera escapar del ajetreo y el bullicio de la vida. Disney dijo: "Si puedes soñarlo, puedes hacerlo".

La historia bíblica de la Torre de Babel es una ilustración poderosa de cómo Dios mismo dijo que la humanidad puede lograr cualquier cosa al aprovechar la imaginación. Génesis 11: 6 en la versión King James dice: "y ahora nada les será retenido, lo que han **imaginado** hacer".

MENTALIDAD PARA SOBREABUNDAR

TU IMAGINACIÓN NO CONOCE LIMITES.
SI TU IMAGINACIÓN ES SIN LÍMITES,
TAMBIÉN LO ES TU POTENCIAL.

Tu imaginación es el ingrediente más poderoso de la formación de cambio en tu vida. Un cambio de temporada exige un cambio de imágenes de lo que ves suceder para ti en las seis áreas de la vida sobreabundante.

Imagina lo que es posible en la próxima década de tu vida. No quiero que tengas un gran año, ¡sino 10 años grandiosos! Imagina tu vida diez veces más grande y mejor de lo que estás experimentando ahora. Piensa en lo que es posible con tu imaginación en cada una de estas áreas:

• **Espiritual:** piensa en tu contribución al mundo obteniendo 10 veces más.

• **Mental:** piensa que tus decisiones aumentan 10 veces más.

• **Física:** piensa que tu forma física es 10 veces más saludable.

• **Relacional:** piensa en la calidad de tus relaciones que se hacen 10 veces más ricas.

• **Profesional:** piensa que tu influencia en el mundo de los negocios se hará 10 veces más impactante.

• **Financiera:** piensa que tus ingresos crecerán 10 veces más.

Mi trabajo como coach es extraer el potencial que ya tienes dentro: desafiarte y mostrar que tu vida podría ser mejor, más grande y más brillante que tu vida actual. Para que puedas hacer eso, necesitas usar tu imaginación para mirar más allá del ahora y ver las posibilidades divinas que te esperan para que las abraces.

MENTALIDAD PARA SOBREABUNDAR

TU REALIDAD ACTUAL NO TIENE QUE CONVERTIRSE EN TU DESTINO FUTURO. LO QUE VES EN TU MENTE SE VUELVE UNA REALIDAD CON EL TIEMPO.

LAS CREENCIAS LIMITANTES EQUIVALEN A LA CRIPTONITA DE LA IMAGINACIÓN

¿Sabías que es posible limitar a Dios? Sí, es posible. Cuando limitas tus creencias, tu futuro, organización y riqueza, pueden limitar lo que Dios quiere hacer en tu vida. La Biblia dice que en el desierto los hijos de Israel limitaban a Dios con sus pensamientos estrechos.

Sí, una y otra vez ellos tentaron a Dios y limitaron al Santo de Israel (Salmo 78:41).

Llevar tu vida al siguiente nivel no es difícil en la mente de Dios. Todo es fácil para Él "He aquí, yo soy el Señor, el Dios de toda carne. ¿Hay algo demasiado difícil para Mí? "(Jeremías 32:27).

FORTALEZAS

En lo que respecta a tu futuro, todas tus fortalezas y problemas psicológicos saldrán a la superficie. Poner una exigencia sobre tu potencial obliga que se revelen todas tus creencias erróneas y pensamientos pequeños.

Pasé muchos años en una mentalidad de guerra espiritual de derribar fortalezas. Pensé que mi trabajo era derribar fuerzas demoníacas en los reinos celestiales que se habían puesto en mi contra. Mi vida comenzó a cambiar cuando me di cuenta de que las fortalezas no estaban necesariamente en el cielo, ¡sino que eran los pensamientos en mi propia mente!

Porque las armas de nuestra milicia no son carnales, sino poderosas en Dios para la destrucción de fortalezas, derribando argumentos y toda altivez que se levanta contra el conocimiento de Dios, y llevando cautivo todo pensamiento a la obediencia a Cristo (2 Corintios 10: 5).

Estaba tropezando con una fortaleza, un sistema de creencias que es resistente al cambio.

Hay un proceso de tres pasos por el que tendrás que caminar para identificar tus restricciones actuales y para romper tus fortalezas actuales.

PASO 1 - ESCUCHA Y LUEGO ELIMINA TU FRASE QUE DICE "NO PUEDO PORQUE_____."

He escuchado todo tipo de historias sobre por qué las personas no pueden cambiar sus vidas. "No puedo debido a mi jefe. No puedo porque no hay oportunidades de trabajo. No puedo porque no tengo suficiente educación ". Y por supuesto, la más importante:" No puedo porque no tengo suficiente dinero ".

Todas estas razones son simplemente tu imaginación enloquecida creando historias incorrectas o películas mentales sobre por qué no puede suceder.

¿Cuál es tu historia de no puedo porque...? Una vez que identifiques la historia, todo lo que tienes que hacer es simplemente dejar de escuchar la creencia que te auto limita y escribir una nueva historia, una de posibilidades divinas e ilimitadas de cómo puedes hacerlo.

¿Cuál es esa historia que sigues sonando en tu cabeza acerca de por qué no puedes lograr tu sueño? Identifica la historia, cambia la historia y cambia tu vida.

PASO 2: "¡ENCIENDE EL PODER DE "PUEDO PORQUE_____!"

Cuando te alimentas con el escenario de "yo puedo", tu mente está diseñada para producir el "cómo hacerlo". Ahora estás aprovechando el lado de "pensar como Dios" de tu imaginación.

Tu imaginación es alimentada por la creencia de que puedes hacerlo.

Cuando te dices a ti mismo "puedo", tu mente está diseñada por Dios para involucrar tu imaginación y poder pensar fuera de tu limitación percibida actualmente para que puedas descubrir la manera de hacer tus sueños realidad.

Alimenta el poder de tu imaginación con la mentalidad de puedo porque……

¡PASO 3 - ACTIVA TU NUEVA DECLARACIÓN DE "LO HARÉ_____!".

El siguiente paso es llevar tu "puedo porque————-"a "Lo haré porque————" Una cosa es pensar o decir que puedes; Otra cosa es tener las agallas para tomar las medidas necesarias para que esto ocurra, sin importar lo que cueste.

Tu nueva declaración debería sonar algo así: "Aumentaré diez veces más cada área de mi vida en los próximos 10 años. Mejoraré mis habilidades leyendo una hora todos los días. ¡Aumentaré mis ingresos diez veces más! ¡Ahorraré mis primeros $ 100,000! Daré diez veces más para alcanzar y ayudar a más personas ".

Tienes que tener esa mentalidad de "lo haré no importa lo que cueste", siempre y cuando esté dentro de las leyes de Dios.

ACTIVANDO TU IMAGINACIÓN PARA DISEÑAR TU FUTURO

Tu mente necesita dos cosas:

1. UNA IMAGEN DEL FUTURO.

Tu mente necesita una imagen clara de quién quieres ser, qué quieres hacer, qué quieres tener y a quién quieres ayudar en el futuro.

Debes usar tu imaginación para alimentar tu mente con la imagen. ¿Y sabes lo que encuentro al dar coaching a la gente? La mayoría de la gente no quiere poner la imagen en sus mentes hasta que encuentren "cómo" hacerlo. Tú no eres responsable del "cómo". Dios está a cargo de eso.

Tú eres responsable de poner la imagen en tu mente con tu imaginación y creer que es posible hacer que la imagen se haga realidad. Entonces Dios desarrolla el "cómo hacerlo" en tu mente para que puedas comenzar a trabajar para descubrir cómo hacer posible la imagen creíble.

Este fue el error que cometí antes de mudarme a la casa de mi suegra. Estaba esperando que Dios hiciera por mí lo que Dios esperaba que yo hiciera.

MENTALIDAD PARA SOBREABUNDAR

SOMOS CO-CREADORES CON DIOS
EN LA GRACIA DE LA VIDA.

---

2. UNA IMAGEN DE UN HÉROE.

Tu mente necesita una imagen clara de un héroe. Una persona que quieres ser en el futuro. Algunas personas se ponen toda religiosas y dicen: "¡Bueno, mi héroe es Jesús!"

¡Estupendo! Puedes tener a Jesús como tu héroe, pero también debes encontrar a una persona que esté diez veces más adelante en la vida y que actualmente está haciendo lo que quieres hacer. Luego modela a la persona, estudia a la persona, descubre todo lo que puedas sobre esa persona. El éxito deja pistas. Estudia a esa persona. Lee los libros y los blogs. Mira el canal de YouTube. Consigue toda la información que la persona escribe y crea.

Aprende cómo la persona lo hace. Luego haz lo que hace tu héroe y experimentarás el mismo éxito o mejor. A medida que tengas éxito, con el tiempo te convertirás en la persona que se suponía que te convirtieras.

Veamos algunos ejemplos bien conocidos:

- El héroe de Kobe Bryant fue Michael Jordan.
- El héroe de Lady Gaga fue Whitney Houston.
- El héroe de Oprah fue Barbara Walters.

El héroe de Mike Tyson fue Muhammad Ali.

Cada uno de estos ejemplos modeló a su mentor hasta que evolucionaron en sí mismos. Cuando estaba en la casa de mi suegra, me pregunté: ¿Quién va a ser mi héroe? Para mí fue John Maxwell.

Quería dar conferencias y capacitar a las personas sobre el liderazgo en las iglesias y en los negocios. Así que seguí a John, lo estudié, aprendí de él e hice lo que hizo. Modelé lo que hizo, tuve éxito y luego evolucioné en mi propia persona.

TU MENTE DISEÑADA POR DIOS

¿Te ha sucedido alguna vez algo como esto? Cuando consideras comprar cierto vehículo, de repente parece que todos manejan el mismo automóvil. Digamos que estás mirando un Toyota Corola. ¿Por qué un Corola? No lo sé, supongo porque es el auto #1 que más se vende de todos los tiempos. Esto es solo un ejemplo.

Como quiera que sea, de repente parece que este auto está

en todas partes. Nunca lo habías notado antes, pero tu vecino tiene uno. Pasas tres o cuatro Corolas camino al trabajo. Entras al lugar de trabajo y hay algunos más. ¡En tu camino a casa esa noche, cuentas seis más!

¿Qué pasó? ¿Es esto una señal de Dios? ¿Todos decidieron comprar un Toyota Corola al mismo tiempo? No. Estás experimentando una función de tu sistema de activación reticular (SAR).

A lo largo de este capítulo, has leído cómo Dios creó tu mente para ser un centro de comando para tus poderes creativos. Esto no es solamente una idea mística; también es una ciencia neurológica comprobada.

El SAR es una red de neuronas en el eje cerebral y funciona en gran medida como un motor de búsqueda en tu mente. Haces una pregunta, presentas un problema u oportunidad y luego se pone a trabajar en un nivel subconsciente, buscando una solución.

Dios no te capacitaría con una herramienta de riqueza que te da la increíble habilidad de imaginar los logros y condiciones futuras si no estuvieras correspondientemente equipado con la capacidad de convertir esas imágenes en realidad.

Dios quiere que sepas que las únicas limitaciones que enfrentarás serán las que decidas colocar sobre ti. Tu potencial excede mucho más de lo que puedes imaginar (Efesios 3:20).

Tai López dice que tenemos que ver las posibilidades antes de perseguir las posibilidades. Quiero animarte. ¿Cuál es tu potencial? ¿Lo ves? Cuando recuestes tu cabeza para dormir, imagínalo. Juega con las posibilidades en tu mente. Pon a trabajar   a tu favor a tu sistema de activación reticular. Entonces despiertas a una nueva realidad.

CAPÍTULO 6

CONFIANZA PARA LA RIQUEZA FISICA

ACCIONES Y PASOS NECESARIOS PARA MANTENER EL AVANCE

CUANDO ESTABA ESTANCADO EN LA CASA DE MI SUEGRA, decidí tomar acciones masivas para lograr una gran diferencia en el mundo al hablarle a un millón de personas acerca del tema de la confianza. Me propuse una gran meta: quería hablar a un grupo de personas los 365 días del año. Sí. Lo sé. Una meta realmente loca. Pero las metas realmente locas crean al menos resultados locos que la mayoría de la gente nunca experimenta.

Nunca alcancé mi meta de hablar todos los días a un grupo de personas, pero llegué muy cerca de lograrlo. Durante 10 años consecutivos, estaba en ruta hablando con un promedio de 230 días del año. Debo admitir, que las demandas en mi cuerpo por años de comer mientras atravesaba aeropuertos y cenas nocturnas con líderes finalmente me atraparon.

Durante una de mis giras dando conferencias en Sudáfrica, el decano de mi universidad notó que estaba corto de aire durante mis charlas y que había ganado mucho peso. Al final de cada mensaje, estaba empapado en sudor y estaba agotado. Él me aconsejó buscar consejo médico.

Después de ese viaje, seguí escuchando una voz que decía: "Keith, si vas a lograrlo a largo plazo, necesitas poner tu cuerpo en óptimas condiciones". Sabía que era hora de un cambio, así que hice un compromiso esa semana para desarrollar un nuevo estilo de vida saludable. Esta es la declaración que utilicé para comenzar a verme a mí mismo como un atleta de clase mundial y pasé del 29 por ciento de grasa corporal hasta un 13 por ciento de grasa corporal.

MENTALIDAD PARA SOBREABUNDAR

CUANDO PIENSAS DE TI MISMO COMO UN ATLETA DE CALIDAD MUNDIAL CORRIENDO HACIA TU DESTINO.HARÁS EJERCICIOS DIARIO, ESTIRARÁS TUS MÚSCULOS, COMERÁS LAS COMIDAS CORRECTAS Y DESCANSARÁ TU CUERPO.

Hazte esta pregunta: ¿Me amo lo suficiente como para cuidar mi cuerpo?

Imagina conmigo por un momento que te regalo un caballo de carreras de 10 millones de dólares. Ahora, déjame hacerte algunas preguntas sobre este caballo:

• ¿Mantendrías el caballo encerrado en el establo y nunca lo ejercitarías?

• ¿Lo alimentarías con barras de chocolate, comida rápida y comida chatarra todo el día?

- ¿Llevarías a tu caballo a ir de fiesta toda la noche?
- ¿Le darías drogas o cigarrillos todos los días?

Por supuesto que no lo harías ¿por qué no? Debido al gran costo y valor multimillonario de tu regalo de mi parte. Si no tratarías a un caballo así, ¿por qué te tratarías tan mal? La única respuesta lógica es que careces de confianza y una autoestima positiva porque realmente no te valoras a ti mismo ni a tu cuerpo.

Si tu perro o gato está gordo, no estás haciendo suficiente ejercicio. Si realmente te valoras a ti mismo, cuidarás mejor tu cuerpo. La baja autoestima es la causa principal de la obesidad. -Dr. Oz

Tu cuerpo físico es el templo o casa en la que vive Dios. "¿No sabes que eres el templo de Dios y que el Espíritu de Dios mora en ti?" (1 Corintios 3:16). Debes cuidar bien de tu cuerpo porque es la herramienta de Dios, que Él usa para expresarse. Dios necesita que tu cuerpo sea un canal el cual usa para cumplir Su voluntad en la tierra. Mi cuerpo, tu cuerpo, es el conducto a través del cual se realizan las actividades divinas.

MENTALIDAD PARA SOBREABUNDAR

NO PUEDES HACER UN IMPACTO ESPIRITUAL SIN UNA GRAN SALUD FÍSICA.

A Richard Branson, un empresario multimillonario, se le preguntó: "¿Cuál es la clave para edificar tu negocio?" Su respuesta, "Mi estado físico". Tu cuerpo necesita funcionar al máximo rendimiento porque para lograr tu sueño, necesitas un elemento, ¡ENERGÍA! Cuanto más grande sea el sueño y mayor sea el deseo que tengas de subir a la cima, más energía necesitas para hacerlo.

VIVIR SOBREABUNDANTE REQUIERE ENERGÍA

Durante la elección primaria republicana del 2016, muchos creyeron que el gobernador Jeb Bush debería haber sido elegido para postularse como presidente de los Estados Unidos. Tenía todos los ingredientes obvios para ganar el voto: una historia familiar en política y todas las conexiones que van con ese privilegio, la experiencia de ser gobernador de Florida, el apoyo mayoritario del Partido Republicano y millones y millones de dólares en contribuciones.

Sin embargo, al gobernador Bush le faltaba una cosa y su oponente más fuerte, Donald Trump, la expuso en vivo en el escenario durante un debate cuando le dijo, "¡Jeb, eres un tipo con poca energía!" Todos en el escenario y alrededor del mundo se rieron. ¿Por qué? Porque era verdad Y Jeb instantáneamente cayó en las encuestas y nunca se recuperó. Jeb perdió la oportunidad de su vida de ser el presidente de los Estados Unidos.

Más tarde, en las elecciones presidenciales del 2016, la muy experimentada y bien financiada Hillary Clinton fue promocionada para ganar las elecciones, pero perdió. Por supuesto, muchas personas tienen opiniones diferentes sobre por qué perdió, pero hay un denominador común: la energía.

Clinton no concedió ninguna entrevista televisiva durante más de 200 días y solo lanzó algunas reuniones en diferentes estados esporádicamente. Parecía como si en los últimos meses de su carrera para obtener el cargo que su cuerpo físico no tenía la energía necesaria para mantener y ganar la campaña más importante de su vida. Su falta de energía y buena salud culminó en una serie de desmayos previos a las elecciones.

Del otro lado del pasillo, Trump aceptó todas las entrevistas de televisión para las que estaba disponible y se apresuró y marcó el camino, realizando múltiples reuniones en diferentes estados casi todos los días. Sin duda, su nivel de energía para un hombre de 70 años rebasaba los límites. Al final del día, una vez más, la persona con más energía ganó el voto.

El activo número uno que un pastor, orador, empresario, propietario de negocio o cualquier persona debe traer al trabajo es energía. Bromeando, les digo a los líderes que hagan todo lo que tengan que hacer para obtener energía. Bebe cuatro capuchinos dobles o un par de Red Bulls. Pero por favor no subas al escenario sin energía y emoción. Sacar energía pone una exigencia en tu cuerpo físico.

Cuida tu cuerpo. Es el único lugar que tienes para vivir. -Jim Rohn

TU FISIOLOGÍA ES UNA HERRAMIENTA PARA LA EDIFICACIÓN DE RIQUEZA

Los expertos en todos los campos demuestran a diario que la salud física, espiritual, mental, financiera, profesional y emocional están estrechamente vinculadas. No puedes ignorar un área a expensas de la otra. Cuando un área no está funcionando de manera sana, las otras áreas sufren.

Tu cuerpo físico es otra herramienta que tienes en tu arsenal que puede empoderarte o dejarte sin poder.

La fisiología es el estudio de las funciones de los organismos vivos y sus partes. La fisiología trata de cómo usas tu cuerpo físico para asuntos como la postura, la respiración, la sonrisa y el movimiento.

Tanto tu cerebro como tu cuerpo trabajan en armonía para ayudarte a funcionar a los niveles máximos de energía, es decir, si sabes cómo usarlos. Tu fisiología se comunica con tu cerebro y le dice qué hacer y luego tu cerebro se comunica con el cuerpo y le dice qué hacer. Casi tan instantáneamente de igual manera que la mente piensa algo, hay una respuesta notable en el cuerpo físico.

Me gusta usar una ilustración en mis reuniones para enfatizar la conexión entre la mente y el cuerpo. Le pido a alguien de la audiencia que se una conmigo en el escenario. Le pido que sostenga su brazo derecho hacia un lado. Luego empujo hacia abajo el brazo y le digo que se resista.

Luego digo: "Ahora, quiero que hagamos lo mismo, pero quiero que recuerdes un momento de tu vida en el que estabas en tu nivel máximo, cuando estabas en tu mejor momento". Esta vez quiero que lo veas en tu imaginación. "Entonces presiono sobre el brazo de la persona. Apenas puedo moverlo, incluso si uso todas mis fuerzas.

Luego digo: "¡Buen trabajo! Eres muy fuerte. Ahora, quiero que recuerdes el peor día de tu vida. ¿Puedes recordar? Quiero que experimentes toda la emoción que estabas sintiendo. Mira la imagen de ese día tan claramente como puedas ".

La audiencia puede ver la fisiología de la persona cambiar instantáneamente. La cabeza cae, los hombros se hunden y el brazo que se extiende derecho comienza a caer naturalmente. Luego, con solo dos dedos, puedo empujar el brazo hacia abajo con gran facilidad.

¿Qué nos enseña esta ilustración? Lo que creemos afecta la fuerza y la energía que se libera del cuerpo físico. Nuestra psicología afecta nuestra fisiología.

Tu fisiología comunica a la gente más que tus palabras e incluso más que tu tono de voz. Las palabras representan el 7 por ciento de lo que realmente influye en el comportamiento humano. Las cualidades de la voz representan el 38 por ciento de lo que influye en otro ser humano. La manera como usas tu voz afecta a los demás mucho más de lo que dices.

La fisiología representa el 55 por ciento. La forma en que usas tu cuerpo representa la mayoría de lo que realmente influye en las personas cuando te comunicas.

MENTALIDAD PARA SOBREABUNDAR

PUEDES CAMBIAR TU PSICOLOGÍA Y ESTADO EMOCIONAL AL CAMBIAR TU FISIOLOGÍA.

Ahora hagamos un experimento juntos. Quiero que pruebes un ejercicio por un momento. Despliega tus hombros hacia abajo. Ahora, baja la cabeza y agrega un ceño fruncido en tu cara. Pregunta: ¿Cómo te sientes?

¿Deprimido?

¿Inseguro?

¿Derrotado?

¿Triste?

Una de las maneras más fáciles de desarrollar la confianza que atrae el éxito es cambiar tu postura física.

Aquí hay otro ejercicio rápido. Mantén la cabeza derecha y mira hacia adelante. Deja de mirar el suelo porque esto hace que todo tu cuerpo se desplome. Elige un lugar en la pared para mirar que esté un poco por encima de tu línea de visión. Tira de tus hombros hacia atrás y saca pecho. Añade una buena sonrisa en tu cara. ¿Cómo te sientes ahora?

¿Confiado?

¿Importante?

¿Seguro?

¿Como un campeón?

Aquí hay algo poderoso para entender acerca de ti mismo. Si hiciste el ejercicio, pudiste cambiar cómo te sentías e instantáneamente aumentar tus niveles de energía sin cambiar tu forma de pensar o estimularte con fuentes externas como antidepresivos, café, cigarrillos o drogas.

Simplemente cambiaste tu fisiología y tu energía, emociones y sentimientos cambiaron instantáneamente.

Ahora, levanta la cabeza. Endereza tus hombros. Camina con un paso imparable y seguro, como si tuvieras que ir a un lugar importante. Usa tu fisiología como una herramienta para cambiar tu psicología y puedes cambiar instantáneamente cómo te sientes.

La emoción es el producto del movimiento. La clave del éxito es crear patrones de movimiento y postura que creen confianza, una sensación de fortaleza, flexibilidad, potencia y diversión.

¿Alguna vez has ido a un viaje donde atraviesas el país en auto que requería que estuvieras en la carretera hasta altas horas de la noche? Soy realmente malo para quedarme dormido al volante, especialmente por la noche. ¿Qué haces cuando comienzas a cabecear mientras conduces? ¿Alguna vez te has abofeteado o simplemente te has sacudido? ¿Qué pasó? Experimentaste un impulso rápido de energía.

No cambiaste tus pensamientos ni dijiste nada. Simplemente cambiaste tu fisiología con el movimiento y tus niveles de energía aumentaron y tu estado mental y emocional cambió para bien.

NUEVE MANERAS DE MEJORAR TU FISIOLOGÍA Y AUMENTAR LA ENERGÍA

1. USA TU SONRISA DE UN MILLÓN DE DÓLARES

Esta es la forma más rápida de cambiar cómo te sientes y aumentar tu energía. Es casi imposible sonreír por fuera y sentirse abrumado por dentro. Por cierto, invierte en tu sonrisa para que se vea tan bien como puedas. Cepíllate, usa hilo dental, limpia tus dientes dos veces al año y blanquéalos si es necesario. Vale la pena tu inversión.

2. SIÉNTATE DERECHO

Nuestra cultura de hoy está basada en el entretenimiento. La gente mira hasta 6 horas de televisión al día. ¿Cuál es tu fisiología cuando miras televisión? Hacia atrás. Relajado. Por lo general, encorvado en una silla. Puedes estar haciéndolo ahora mismo mientras lee este libro. ¡Siéntate derecho en tu silla ahora mismo! Haz esto un hábito.

Se dice que las personas solo pueden enfocarse durante treinta minutos de aprendizaje. Esto es cierto cuando tu audiencia no está totalmente comprometida. En mis conferencias de fin de semana, enseño a los estudiantes a ponerse en una actitud donde pueden aprender durante horas a la vez. Si el estudiante está totalmente comprometido mental y físicamente, no hay límite de cuánto tiempo puede aprender una persona. Bueno, me refiero siempre y cuando   puedan soportar estar sentados por tanto tiempo. El simple acto de sentarte derecho en tu silla hace que tu mente esté más alerta y en posición de recibir.

3. DA ABRAZOS

La psicóloga Virginia Satir dijo que necesitamos cuatro abrazos al día para sobrevivir, ocho abrazos al día para mantenimiento y doce abrazos al día para el crecimiento. Solo piensa, el hecho de simplemente dar un abrazo puede hacer que alguien se sienta mejor en el momento. No cambiaste su psicología ni les dijiste una palabra. Tu fisiología les cambia su fisiología con un simple abrazo. Por cierto, se ha comprobado que los abrazos también mejoran tu sistema inmune.

4. CAMINA MÁS RÁPIDO

Acelera tu paso. Los psicólogos relacionan una mala postura, un caminar lento y perezoso con actitud negativa hacia uno mismo. Las personas que saben quiénes son y hacia dónde van, tienen ánimo en sus pasos. Ellos naturalmente caminan más rápido. Las personas que han tenido una vida difícil y parecen que no están yendo a ningún lado arrastran los pies en su caminar. Acelera el paso y sentirás una recuperación en tu confianza. Un gerente de contratación me dijo una vez que, durante su proceso de entrevista, les pide a sus candidatos que salgan a caminar con él. Si la persona no puede mantenerse al mismo paso, no les ofrece una segunda entrevista.

Ningún ciudadano tiene derecho a ser un aficionado en materia del entrenamiento físico. Qué vergüenza es para un hombre envejecer sin haber visto la belleza y la fuerza de las cuales su cuerpo es capaz. -Sócrates

5. MONITOREA Y CONTROLA EL PESO DE TU CUERPO

El aumento de peso es algo que nos sucede a todos. El estadounidense promedio gana al menos una libra por año después de la edad de 25 años. Eso significa que para cuando tengas 50 años, habrás acumulado veinticinco libras. Además, tu metabolismo se vuelve más lento. Esto hace que el cuerpo trabaje menos eficientemente en la quema de la grasa que tiene.

Al mismo tiempo, si no haces ejercicio, perderás una libra de músculo por año. Perder músculos pone aún más lento tu metabolismo y también aumenta el riesgo de lesiones y disminuye el rendimiento de actividad. El aumento de peso ocurre por defecto. La ganancia de salud ocurre por diseño. Sé intencional.

Sin embargo, les daré salud y los curaré; los sanaré y haré que disfruten de abundante paz y seguridad. (Jeremías 33: 6 NVI).

6. COME PARA OBTENER ENERGÍA

No sigas dietas que tengan un nombre. Son trucos de marketing, o en el mejor de los casos, modas pasajeras. De hecho, no sigas una dieta en absoluto. Incorpora el comer sano como estilo de vida. Mantén un registro de tu consumo de calorías. Quema más calorías de las que comes. Me sorprende el grosor de la mayoría de los libros de dieta hoy en día.

Mis consejos de coaching para bajar de peso son muy fáciles: piensa mejor, come menos (chatarra), come más (seis comidas pequeñas al día), muévete más. Eso es todo. Haz eso con consistencia y la aguja de la báscula retrocederá.

7. HAZ EJERCICIOS PARA DESEMPEÑARTE AL MÁXIMO

La buena condición física tiene un gran efecto en la confianza en uno mismo. Si no estás en condiciones, te sentirás inseguro, poco atractivo y menos lleno de energía. Al hacer ejercicio, mejoras tu apariencia física, te da energía y logras algo positivo. Tener la disciplina para hacer ejercicio no solo te hace sentir mejor, sino que crea un avance positivo sobre el que puedes edificar durante el resto del día.

El entrenamiento físico es bueno, pero entrenarse en la sumisión a Dios es mucho mejor, porque promete beneficios en esta vida y en la vida que viene. (1 Timoteo 4: 8).

8. BEBE MÁS AGUA PARA TENER ENERGÍA

¿Alguna vez te cansaste a las tres de la tarde? Me solía suceder. Así que tomaba una siesta y luego me despertaba 15 minutos después sintiéndome miserable. O a veces iba a Starbucks y tomaba un café de alto octanaje para energía.

Un día, alguien me dijo que tomara un vaso de agua de ocho onzas cuando me sintiera cansado y mis niveles de energía aumentarían. Al día siguiente, efectivamente, alrededor de las 3 p.m. Empecé a sentirme cansado, así que tomé un vaso de agua y volví a trabajar. Lo siguiente que supe es que todavía estaba trabajando a las 9 p.m.

¡Asombroso! Me vendieron la idea de que el agua equivale a energía. Me di cuenta de que había estado viviendo en un estado deshidratado. Si sufres una hidratación inadecuada, puedes sentirte cansado, hambriento, hinchado y perezoso.

La importancia de beber la cantidad adecuada de agua no puede enfatizarse lo suficiente si realmente deseas ser lo mejor posible y operar al máximo todos los días. El cuerpo simplemente no puede adaptarse a la deshidratación, lo que afecta todas las funciones del cuerpo. Los estudios demuestran que la pérdida de fluidos de incluso del 2 por ciento del peso corporal afectará adversamente las funciones circulatorias y disminuirá los niveles de desempeño.

MENTALIDAD PARA SOBREABUNDAR

LAS PERSONAS CANSADAS SE INCLINAN HACIA LOS PROBLEMAS. LAS PERSONAS DESCANSADAS SE INCLINAN HACIA LAS SOLUCIONES.

Cada función, cada órgano, cada célula de tu cuerpo necesita agua para sobrevivir. Tres de cada cuatro personas viven hoy en un estado deshidratado. Si el 85 por ciento de nuestros cerebros y músculos contienen agua, ¿cómo podemos desempeñarnos lo mejor posible si estamos deshidratados? ¿Qué pasaría si succionas todo el jugo de una sandía? Se secaría definitivamente.

Es lo mismo con las células de tu cuerpo. Necesitan ser energizadas con agua o no funcionarán al máximo. Pero si le das a tus células el combustible de agua, responderán al permitir que tu cuerpo funcione aún mejor.

9. DIOS Y LOS LEONES HACEN ESTO

Cuando la fatiga entra, la fe y la confianza se van. Se ha dicho que la mayoría de la gente está operando con un déficit de sueño de dos horas. Dios trabajó 6 días y descansó. Si Dios mismo necesitó descansar, ¿cuánto más necesita descanso tu cuerpo mortal? Aquí hay una idea interesante. Si te topas con un león por la tarde, pensarías que es perezoso. No. Los leones duermen todo el día y cazan de noche. Ya sea que estés creando el universo de la nada o cazando presas para alimentar a tu familia, necesitas descansar.

Dormir se trata de recuperarte. Entonces, si no estás durmiendo, no te estás recuperando. Y si vas a debilitar mucho tu cuerpo, más vale que encuentres formas de construirlo de nuevo. Y la única forma de hacerlo es dormir mucho.
-Tom Brady, jugador de fútbol americano

Escucha, los líderes tienen que traer energía a la mesa. La energía crea un progreso. Cuando tienes progreso, te ves mejor. Cuando no tienes progreso, te ves peor de lo que realmente eres. Si quieres vivir una vida sobreabundante, tienes que manejar adecuadamente tu energía.

CAPÍTULO 7

CONFIANZA PARA LA RIQUEZA EN LAS RELACIONES

LAS RELACIONES Y CONEXIONES NECESARIAS PARA CREAR Y ABRIR MÁS PUERTAS

S I ERES COMO YO, estoy seguro que en algún punto de tu vida has escuchado a alguien pronunciar la frase: "No hay atajos para el éxito". ¿Crees personalmente que eso es cierto? ¿Es verdad? Durante gran parte de mi vida, lo creía tanto como creía que la hierba era verde y el cielo azul. Ahora creo algo un poco diferente.

Tocaron a la puerta de mi suegra. Era un viejo amigo mío que se detuvo a cenar con nosotros. Él no apareció con las manos vacías. Él vino a darme un regalo que se sintió impresionado a comprarme. Al final de la cena, me entregó una revista de alta calidad de $ 29.99 llena de fotos de las casas más bellas del área de Tampa Bay.

Le di las gracias con una mirada perpleja y luego me dijo: "No dejes que tus circunstancias negativas actuales te convenzan de que esto es lo mejor que se puede hacer. ¡Tienes que seguir soñando en grande! Toma tu tiempo para leer este libro y encuentra la casa de tus sueños, arranca la imagen y ponla en la puerta de tu refrigerador. Cuando vayas al refrigerador, mira la casa e imagínate dueño de ella y luego di con valentía: "¡Viviré en esta casa en mi futuro!"

MENTALIDAD PARA SOBREABUNDAR

NO JUZGUES A LAS PERSONAS BASADO EN LO QUE VES EN EL EXTERIOR. LA MAYORÍA DE LA GENTE QUE TIENE EL DINERO PARA AYUDARTE A FINANCIAR TUS SUEÑOS NO USAN MILÁN DE ALTA MODA, NI CONDUCEN AUTOS ITALIANOS DEPORTIVOS EXÓTICOS, O ACCESORIOS BRILLANTES DE LOUIS VUITTON. LOS FARSANTES HACEN UN DESFILE CON SU DINERO EN LO EXTERIOR, PERO USUALMENTE NO TIENEN DINERO DENTRO DE SUS CUENTAS DE BANCOS.

Honestamente, pensé que estaba loco. Pero a la mañana siguiente, mi esposa y yo nos sentamos a la mesa y hojeamos la revista. Permitimos que nuestra imaginación corriera libre cuando encontramos juntos la casa de nuestros sueños de una mini mansión. Pensamos que tal vez podríamos permitirnos vivir en una casa así, cuando cumpliéramos los 60 años de edad. Pero seguimos sus instrucciones y pusimos la fotografía en nuestro refrigerador y declaramos que un día viviríamos en una casa así.

Unos meses más tarde decidimos dar un paseo en auto a una de las comunidades con más prestigio de nuestra área. Para nuestro asombro, encontramos una casa que se parecía mucho a nuestra fotografía en el refrigerador. Mientras contemplamos con asombro la hermosa casa, noté un letrero viejo, descolorido, en venta escondido en los arbustos.

De repente, la confianza se elevó en mi corazón cuando las palabras de Jesús vinieron a mi mente: "Si puedes creer, todo es posible para el que cree" (Marcos 9:23). Con confianza, levanté mi teléfono y llamé al número, actuando como si tuviera todo el dinero del mundo para comprarla. Programé una cita para que viéramos la casa y acordamos un precio para comprar la casa con el propietario ese día. Solo teníamos que superar un desafío: no teníamos el dinero.

Tenía un mes para conseguir el dinero. Pensé que necesitaba un milagro financiero, que de la nada recibiera un cheque por correo. Iba al buzón todos los días, pero no recibía nada más que montones de correo no deseado.

Una tarde, con solo 3 días para el cierre, una llamada extraña vino a mi oficina. "Hay un tipo que quiere desayunar contigo". Realmente recordé quién era este tipo. Siempre usaba una de sus camisetas gratis que decía "Doné sangre" y pantalones cortos descoloridos holgados y manejaba un Toyota Corola feo y maltratado. Cuando oré por puertas abiertas, nunca imaginé que vendría empaquetado así.

Para mi sorpresa, mientras comía galletas y salsa, me enteré de que vivía en el mismo barrio privado donde queríamos vivir. Le dije que iba a comprar una casa en la misma calle que él, pero necesitaba financiamiento. Él se rió entre dientes y dijo: "He sido conocido por prestar dinero a personas para comprar casas. Escoge tu casa y te prestaré el dinero para ello ".

¡Espera! ¿¡Qué!? Casi me caí de la silla. "¿Seriamente? Se supone que debo cerrar el trato en los próximos días. "Simplemente me respondió:" Solo dime cuánto cuesta la casa y le pediré a mi abogado que prepare los documentos ".

"¿Deseas verificar mi informe de crédito o ver los impuestos de mis ingresos?"

"No, te he visto por años y sé que eres un hombre de buen carácter".

El dinero se transfirió a nuestra cuenta un día antes del cierre del trato y un mes después, mi esposa y yo nos mudamos a la casa de nuestros sueños. ¡Sí! Lo que pensamos que nos llevaría años pasó en cuestión de meses.

La ley del aceleramiento dice: cuando decides lo que quieres y comienzas a avanzar hacia tu resultado deseado, tu resultado deseado comienza a moverse hacia ti a un ritmo acelerado.

Dios abrió dos puertas de relaciones para ayudarme a cambiar radical y rápidamente mis condiciones de vida y aumentar mi riqueza. Uno me instruyó en la mesa del comedor para soñar en grande y el otro, mientras estaba en la mesa de desayuno, financió mi sueño.

┌─── MENTALIDAD PARA SOBREABUNDAR ───┐

HAY UN ATAJO PARA VIVIR SOBREABUNDANTE Y LOGRAR EL ÉXITO ¡LAS RELACIONES!

Ahora creo que la calidad de nuestra red de relaciones determina la cantidad de nuestra influencia e impacto sobre una amplia variedad de personas.

Estaba enseñando sobre este tema en un seminario cuando una pareja joven con dificultades se acercó a mí. "Volverse sobreabundante se trata solo de a quién conoces", dijo, empapada de sarcasmo. Yo respondí: "¡Sí! Y cuanto más rápido comprendas ese hecho, más rápido cambiará tu vida. No te enojes que la riqueza por relación sea tan valiosa para tu éxito en la vida; simplemente comienza a convertirte en la persona que necesitas para poder atraer conexiones divinas a tu vida ". Se alejaron con una mejor comprensión y una ruta clara hacia el éxito de la riqueza por relación.

MENTALIDAD PARA SOBREABUNDAR

CUANDO DIOS QUIERE BENDECIRTE, TRAE A LA PERSONA CORRECTA A TU VIDA, CUANDO EL ENEMIGO QUIERE DESTRUIRTE, TRAE A LA PERSONA INCORRECTA A TU VIDA. SE REQUIERE DISCERNIMIENTO PARA DETERMINAR ¡LA DIFERENCIA!

UN CONTRATO ACELERADO PARA ESCRIBIR LIBROS

Otro sueño era que mis escritos penetraran en el mercado secular. Sabía que necesitaba un gran editor secular de Nueva York que aceptara mi manuscrito si iba a tener un impacto sobre un público más amplio. Pero sin tener un estatus de celebridad o un nombre conocido, atraer a un editor de buena reputación y exitoso requiere un milagro.

En una conferencia a la que asistí, superé mis temores y me acerqué e invité a cenar a un escritor famoso de más de un millón de ejemplares. Sugerencia: si vas a invitar a cenar a una persona exitosa, no lo lleves a McDonald's ni a Golden Corral. Hazlo bien. Es una inversión, no solo una comida.

Mi confianza era contagiosa y sin conocerme, aceptó acompañarme a cenar. Mientras desarrollábamos una relación en la mesa, él escuchó mientras explicaba mi deseo, mi sueño, de que mis escritos llegaran a un público más amplio y él me contactó esa misma noche con un agente de Nueva York que me ayudó a conseguir un anticipo de dinero (¡pagado por adelantado para publicar mi libro antes de que estuviera terminado!) con Penguin Publishers (la segunda editorial secular más grande del mundo). Un milagro: ¡durante la cena en esa mesa!

MENTALIDAD PARA SOBREABUNDAR

SIEMPRE PAGO LA CENA CUANDO ESTOY CON LÍDERES ALTAMENTE EXITOSOS. PAGA CUALQUIER PRECIO PARA ESTAR EN PRESENCIA DE LA GRANDEZA. CUANDO SEPAN QUE SIEMPRE PAGAS LAS INVITACIONES AUMENTARÁN. UNA CENA DE 100$ ES MEJOR QUE UNA FACTURA DE COACHING DE $10,000.

Mi próximo gran sueño era hablar para la compañía de seminarios de negocios más grande del mundo. Este sueño se logró a través de una relación con un pastor de una iglesia pequeña en mi área local. De nuevo, en una mesa, me conectó con el CEO de esa compañía. Fue durante el almuerzo en uno de mis restaurantes favoritos frente a la playa que el CEO y yo forjamos una amistad y él me pidió que me uniera a la gira.

En el último año, a través de esta compañía de seminarios, el CEO me dijo que estuve frente a más de 100.000 empresarios y líderes empresariales. Aprendí una lección importante. No juzgues por el tamaño, porque las pequeñas bisagras pueden abrir grandes puertas.

Podrías estar pensando, Bien, Dr. J, lo entiendo. Te han sucedido cosas increíbles a través de tus relaciones. Pero, ¿qué te hace pensar que eso me puede pasar? ¿Mi respuesta? Creo que es hora de que descubras **los cinco pasos para construir tu riqueza en las relaciones.**

PASO 1: ESTABLECE TU MESA

Las familias se reúnen alrededor de nuestras mesas para comer alimentos especiales durante las temporadas de vacaciones y los cumpleaños. Llevamos a nuestro cónyuge a un restaurante especial para una cena romántica. A veces invitamos amigos para parrilladas de barbacoa y sentarnos juntos en mesas de picnic. ¿Alguna vez has notado que desarrollamos conversaciones de calidad entre nosotros alrededor de la mesa?

Tienes que crear una mesa de personas para rodearte con apoyo. Hay personas en tu círculo íntimo a quienes has dado el privilegio de partir el pan. Ellos tienen tu atención, por lo que pueden influir en tu mente, comportamiento y en última instancia, en la dirección de tu vida.

Solo puedes manejar una cierta cantidad de relaciones de manera efectiva. Una vez que la mesa está llena, nadie más puede unirse a ti. Por lo tanto, debes establecer tu mesa con elecciones deliberadas; de vez en cuando, reflexiona si los que están en tu mesa son influencias positivas o negativas. De manera continua busca edificar una mejor mesa de acompañantes.

PASO 2: EVALÚA TU MESA

El año que pasé viviendo en la casa de mi suegra me obligó a evaluar todas mis relaciones. Tuve que hacerme la pregunta difícil: *¿quién está sentado en mi mesa?*

Mientras evaluaba las relaciones en mi vida, empecé a darme cuenta de que mi riqueza en las relaciones estaba muy baja. Tenía familiares y amigos de mi pasado que no querían crecer, que no apoyaban mi crecimiento y que me hacían daño en lugar de ayudarme. Entonces ¿Por qué todavía estaban sentados en el círculo íntimo en mi mesa?

¿Alguna vez has estado en una habitación con un olor desagradable, pero después de un tiempo no te das cuenta? Esto puede suceder con las personas que eliges para sentarse en tu mesa. Después de un tiempo, comienzas a pensar como ellos y desarrollas sus hábitos, tanto buenos como malos.

── MENTALIDAD PARA SOBREABUNDAR ──

LA INFLUENCIA ES PODEROSA, SIN EMBARGO, SÚTIL. SI PASAS TIEMPO EN UN MONTÓN DE BASURA, LENTAMENTE Y SIN DARTE CUENTA COMENZARÁS A OLER A BASURA

Debemos evaluar a quién permitimos en la mesa de nuestro círculo íntimo. Puede ser difícil eliminar a los inapropiados, pero es obligatorio. Permíteme darte coaching a través de este proceso. A continuación, te presento algunas preguntas que me hice durante este proceso.

PREGUNTAS DE EVALUACIÓN DE LA RIQUEZA EN LAS RELACIONES:

- ¿Qué tipo de personas están sentadas en mi mesa?
- ¿A dónde van en la vida?
- ¿Tienen éxito?
- ¿Qué están haciendo por mí?
- ¿Nos desafiamos mutuamente para crecer o permanecer igual?
- ¿Qué tipo de libros me inspiran a leer, si es que hay alguno?
- ¿Tienen la sabiduría necesaria para ayudarme a lograr mi asignación?
- ¿Cómo luce su plan financiero?

PASO 3: ACTUALIZA TU MESA

Quería ser un escritor de best-sellers, pero no conocía a muchos escritores, mucho menos autores de gran éxito en ventas. Quería ser millonario, pero no tenía amigos que obtuvieran siete cifras. Quería ser un entrenador de liderazgo internacionalmente conocido, pero no tenía un entrenador de liderazgo exitoso.

Ninguna de las personas que tenía en mi vida habían logrado lo que quería para mi futuro. Por lo tanto, no podían ayudarme a ir a donde quería ir en la vida. Para poder cambiar mi vida, tuve que desconectarme de las relaciones equivocadas para conectarme con las relaciones correctas que Dios tenía para mí.

Una relación incorrecta puede matar tu avance. Todo lo que necesitas es un Jonás en tu barco y las tormentas negativas pueden comenzar a derrumbarse sobre ti (Jonás 1: 4). Los hombres en el barco eran inocentes, pero equivocadamente permitieron que Jonás viajará con ellos. Lo único que puedes hacer cuando Jonás está en tu barco es echarlo. Entonces las tormentas se detendrán (Jonás 1:15).

La ley del reemplazo dice: cuando pierdes a una persona de tu vida o equipo, atraerás a alguien aún mejor si esperas pacientemente y buscas a alguien con más sabiduría, habilidades y talentos. Hasta que no haya ese liberar, no puede haber aumento.

Aquí es donde tu confianza será probada. ¡Créeme! No es fácil dejar las relaciones que están sentadas en tu mesa actualmente. Se necesita confianza para dejar ir y buscar algo nuevo, más grande y mejor.

MENTALIDAD PARA SOBREABUNDAR

COMO EN UN ELEVADOR, ALGUNAS VECES EN TU RUTA A LA CIMA, TIENES QUE DETENERTE Y BAJAR A PERSONAS PARA IR AL SIGUIENTE NIVEL.

Lo puedes ver, las relaciones a largo plazo te hacen sentir seguro y protegido. Ellos no te desafían. No requieren que pienses de manera diferente. Simplemente te aceptan por lo que eres porque están en el mismo nivel que tú o incluso debajo de ti y te admiran. Crees que son tus amigos, pero en realidad son el enemigo de tu potencial.

MENTALIDAD PARA SOBREABUNDAR

HABLA CON PERSONAS SOBREABUNDANTES A TRAVÉS DEL DÍA. SU ENERGÍA, ENTUSIASMO, ACTITUD POSITIVA Y FORTALEZA INTERNA ES TAN INSPIRADORA QUE TE ENCONTRARÁS MÁS EMPODERADO SOLO CON ESCUCHARLOS

Mi MEJOR amigo es quien saca lo MEJOR de mí.
-Henry Ford

PASO 4: CREA UNA NUEVA MESA

Cree una mesa nueva, confiada y competente de personas que viven la sobreabundancia. Ahora es el momento de comenzar a construir tu nueva mesa con aquellos que realmente pueden ayudarte. ¿A quién quieres en tu mesa? Personas morales, exitosas, sobreabundantes y llenas de confianza que realmente crean en ti y en tu visión para el futuro.

Elige amistades que edifiquen, apoyen y refuercen tu carácter, tu competencia y confianza para vivir sobreabundante. Se muy selectivo.

Siempre habrá dos tipos de personas en tu vida: los que destruyen la confianza o los creadores de confianza. Quienes destruyen la confianza les encantan las palabras que desalientan. Siempre ven algo negativo en lo que estás tratando de lograr.

Competencia: es la habilidad de hacer algo.

Confianza: tu creencia acerca de tu competencia.

Se requerirá *confianza* para conectarte con personas más competentes, de mayor nivel, más ricas y exitosas.

Si deseas mejorar tu juego de golf, tenis o baloncesto, debes jugar con alguien que es mejor que tú. Correr con los mejores hará que mejores lo mejor de ti. Sí, puede ser intimidante e incómodo al principio, pero es una clave importante para aumentar tanto tu competencia como tu confianza.

LOS LAZOS FAMILIARES

¿Quién es la persona más rica y exitosa de tu familia? Mi abuelo dirigía una empresa de paneles de aislamiento muy exitosa en nuestra ciudad. Solo había un problema: todos en la familia lo odiaban. ¿Por qué? Porque él tenía dinero y no se los daba para rescatarlos de todas sus tonterías. Caí en la trampa de tener envidia del éxito de mi abuelo en lugar de aprender de él. Tristemente, me mantuve a distancia.

> *Nunca he tenido un enemigo que lo esté haciendo mejor que yo.* -El obispo T.D. Jakes

El mejor obsequio que alguien puede darte es el acceso. Pude haber tenido acceso abierto a mi abuelo. Cuando las personas exitosas te dan su tiempo, no lo tomes a la ligera. Y por todos los medios, dales la mayor cantidad posible de tu tiempo. Si te dan acceso, no olvides agradecerles. Cuando una persona está agradecida por mi tiempo, los recompenso con más.

PASO 5: ASIGNA ASIENTOS PRINCIPALES EN TU MESA

Cuando pensamos en las personas que queremos sentadas en nuestra mesa, podemos aprender mucho de la historia de José, desde la pobreza hasta la riqueza, en la Biblia. Está lleno de muchas relaciones diferentes, tanto saludables como hirientes.

José tenía una medida del favor de Dios en su vida. A una edad temprana, recibió sueños divinos y visiones sobre su éxito futuro (Génesis 37). Sin embargo, en el proceso, parecía que sus hermanos habían frustrado su destino. Pero no fue así, él se mantuvo firme en sus creencias y el final de su historia es de éxito.

Algunos piensan que la habilidad más grande de José era

MENTALIDAD PARA SOBREABUNDAR

EL DINERO NO ES UN MILAGRO TAMPOCO UN MISTERIO. EL DINERO ES SIMPLEMENTE LA RECOMPENSA POR SOLUCIONAR PROBLEMAS Y LLENAR LAS NECESIDADES DE LAS PERSONAS. EL TAMAÑO DEL PROBLEMA DETERMINA EL TAMAÑO DE LA RECOMPENSA. TEN LA CONFIANZA PARA ORAR POR GRANDES PROBLEMAS QUE SOLUCIONAR.

---

su habilidad para interpretar sueños. Pero veo la habilidad más grande de José como su habilidad para solucionar grandes problemas. José ayudó a siete personas a resolver sus problemas, lo que le ganó influencia y riqueza (Génesis 39-41).

José ayudó a:

1. Potifar: José hizo prosperar la casa y los campos de Potifar

2. El guardián de la prisión: José fue puesto a cargo y la prisión prosperó

3. El copero o mayordomo: José interpretó su sueño

4. El panadero: José interpretó su sueño

5. Faraón: José interpretó su sueño

6. La familia: José salvó a su familia del desastre económico y la hambruna

7. Egipto: José salvó a toda la nación de la hambruna

Hay dos tipos de gente en la tierra: 1) solucionador de problemas y 2) la gente problema. Donde hay un problema, hay una oportunidad para la riqueza, el éxito y la significancia. En tu ruta hacia el logro de tu sueño, debes ayudar a otros a solucionar sus problemas.

El viaje de José del pozo al palacio requirió tres distintas conexiones influyentes para ayudarle a resolver sus problemas de riqueza. El panadero, el copero o mayordomo y el faraón.

Los panaderos son los que tienen la receta y juntan todos los ingredientes para lograr los resultados deseados. A menudo, tenemos la materia prima para lograr nuestra asignación, pero no hemos adquirido el arte de juntarla toda. El talento crudo es genial, pero nadie quiere comerse un puñado de harina, levadura y agua. ¡Qué asco! Sin embargo, cuando esos ingredientes se mezclan y hornean adecuadamente, todos disfrutamos de un trozo de pan recién horneado. Ese es el trabajo del panadero. El panadero trae todos los ingredientes necesarios para ayudarte a manifestar tus sueños.

Un copero o mayordomo es alguien que puede abrirte puertas nuevas. Una noche, después de haber cenado en un restaurante extravagante, el encargado de aparcar autos se acercó y me pidió el boleto para recuperar mi Mercedes. Un momento después, el encargado de aparcar autos llegó con un precioso Rolls-Royce Wraith. Salió del auto y dijo: "Aquí está, Dr. Johnson, su vehículo". Pensé: ¡Aleluya, el mayordomo me ha abierto una nueva puerta! Nos reímos mucho de la confusión.

MENTALIDAD PARA SOBREABUNDAR

LAS PERSONAS SON COMO PUERTAS QUE TE AYUDAN A PASAR DE UNA TEMPORADA A OTRA, DE UN NIVEL A OTRO Y DE UNA RELACIÓN A OTRA.

El mayordomo es un conector que puede llevarte a una puerta de relaciones nuevas e increíbles. Asegúrate de tener un mayordomo sentado en tu mesa.

Era obvio para los que estaban alrededor de José que él estaba destinado al trono. Pero sin un rey sentado a su mesa, sería imposible que José lograra su sueño. Fue a través de una serie de circunstancias desafortunadas que José se encontró cara a cara con Faraón.

Más tarde, José describe la serie de eventos a sus hermanos de esta manera:

"Es verdad que ustedes pensaron hacerme mal, pero Dios transformó ese mal en bien para lograr lo que hoy estamos viendo: salvar la vida de mucha gente" (Génesis 50:20 NVI).

A través del sueño de José, toda una nación fue librada de muchos años de hambre. Debido a esto, Faraón se encontró sentado en la mesa de destino de José, y José fue ascendido a un lugar de autoridad sobre Egipto.

De todas las personas invitadas a sentarse en tu mesa, da lugar al panadero, al mayordomo y al faraón.

PREGUNTAS GRANDES E IMPORTANTES

Abre tu teléfono celular y mira tu lista de favoritos. ¿A quien ves?

De aquellos que están actualmente en tu lista de favoritos y aquellos sentados en tu mesa, ¿qué relaciones pueden ayudarte a lograr tu destino?

Comienza a invertir en esas relaciones ahora. Empieza hoy.

SEIS
COMBINACIONES
PARA SOBREABUNDAR

CAPÍTULO 8

CONFIANZA PARA LA RIQUEZA PROFESIONAL

ALIMENTANDO TU POTENCIAL CON
EDUCACIÓN, EMPODERAMIENTO Y
EXPERIENCIA

A MENUDO EN NUESTRA BÚSQUEDA HACIA EL CRECIMIENTO ESPIRITUAL, podemos encontrarnos devaluando involuntariamente la importancia de nuestras vidas laborales. Mucha gente tiene una actitud hacia nuestro trabajo que dice "Uno de estos días estoy voy a decirle a mi jefe tome este trabajo y usted ponga esfuerzo en él". Esta es realmente una situación terrible. De hecho, el 87 por ciento de las personas admiten odiar sus trabajos.

Aquí está la verdadera tragedia. La mayoría de nosotros pasamos casi 2,080 horas al año aquí en la tierra funcionando profesionalmente en el mercado laboral. Si odias tu trabajo, estás muerto entre 30 y 40 años antes de hacerlo oficial.

Tu trabajo fue diseñado por Dios para ayudarte a descubrir el potencial que Dios te dio y sacar ese potencial que está dentro de ti. Sin trabajo, no puedes descubrir tus verdaderos dones, talentos y habilidades o lo que podrías ser, hacer, lograr o tener en esta vida.

Además, a quien Dios le concede abundancia y riquezas, también le concede comer de ellas, y tomar su parte y disfrutar de sus afanes, pues esto es don de Dios. (Eclesiastés 5:19 NVI).

Tu profesión, tu trabajo, es un regalo de Dios. También es el vehículo que Dios ha ordenado para traer a tu vida la alegría de los logros, las riquezas y la sobreabundancia. No puede haber grandeza sin trabajo.

Dios es trabajador. Dios trabajó seis días para hacer los cielos, la tierra, el universo. ¿Qué está haciendo Dios todavía? ¡Trabajando! Jesús reconoce la importancia del trabajo. Él dijo: "Mi Padre aún hoy está trabajando, y yo también trabajo" (Juan 5:17 NVI).

Cuando la gente dice: "Mira, incluso Dios se tomó un descanso del trabajo", me gusta responder en tono de broma: "Bueno, cuando se crea todo el universo de la nada en menos de una semana, entonces podemos hablar de un fin de semana libre para ti."

Algunos han dicho que el trabajo fue el resultado del "pecado". Nada podría estar más lejos de la verdad. Antes de la caída, Dios le dio a Adán el don del trabajo y lo instruyó a hacer cinco cosas para descubrir todo su potencial. Vamos a contarlos:

1. Ejercer gobierno sobre la tierra y someterla.

2. Plantar semillas.

3. Cuidar, proteger y guardar el jardín.

4. Cuidar a Eva.

5. Poner nombre a todos los animales.

También le dio el mandato a Adán y a Eva de ser fructíferos y multiplicarse. ¿Por qué? Porque Dios ama y recompensa nuestro trabajo.

El que siembra y el que riega tienen el mismo propósito y cada uno será recompensado según su propio trabajo. En efecto, nosotros somos colaboradores al servicio de Dios; y ustedes son el campo de cultivo de Dios, el edificio de Dios. (1 Corintios 3: 8-9 NVI).

Durante el resto de este capítulo, aprenderás cómo experimentar un aumento en tu vida profesional de una manera que honre a Dios e inspire a otros, para tu bien y para la gloria de Dios.

Vamos a comprometernos a ir en pos de esto juntos.

TRES ESTRATEGIAS PARA MAXIMIZAR TU POTENCIAL DE RIQUEZA PROFESIONAL

ESTRATEGIA 1: ACEPTA TOTALMENTE TU PROFESIÓN COMO ACTIVIDAD ESPIRITUAL

Lo primero que debes entender es que tu carrera, trabajo, profesión o negocio es una actividad espiritual. Dondequiera que se reúna el pueblo de Dios, encontrarás la iglesia. Ya sea que las personas estén reunidas en una catedral o en un cubículo, encontrarás a la iglesia en acción.

Donde encuentres la iglesia, también encontrarás a los ministros de Dios. Tradicionalmente, vemos como ministros a los pastores o empleados de una iglesia en particular. Claro, Dios tiene los cinco ministerios para dirigir y equipar a los santos, pero Dios le ha dado a cada creyente un ministerio para impactar al mundo que los rodea.

Todo esto proviene de Dios, quien por medio de Cristo nos reconcilió consigo mismo y nos dio el ministerio de la reconciliación: esto es, que en Cristo, Dios estaba reconciliando al mundo consigo mismo, no tomándole en cuenta sus pecados y encargándonos a nosotros el mensaje de la reconciliación. (2 Corintios 5: 18-19 NVI).

TU PROFESIÓN ES TU MINISTERIO

Cuando comienzas a ver tu profesión como una forma de ministerio, verás tu profesión como el púlpito desde el que predicas todos los días. Tu sermón no es los tres puntos tradicionales y un llamado al altar. Es la historia de transformación de cómo Dios brinda oportunidades todos los días para mover a las personas de donde están a donde quieren estar, en el lugar de trabajo, en el hogar y en todos los aspectos de la vida.

Es tu historia de mendigo a sobreabundante o tu testimonio, lo que destruirá y demolerá los sistemas de creencias equivocados que otros tienen acerca de Dios y el éxito. Tu testimonio poderoso será una herramienta para destruir las mentiras limitantes de las historias de otras personas sobre por qué no pueden alcanzar grandes logros o vivir sobreabundante.

MENTALIDAD PARA SOBREABUNDAR

TU ÉXITO PERSONAL PREDICA A LOS DEMÁS SIN DECIR UNA PALABRA.

Es importante que los pastores y líderes cristianos cultiven a las personas espiritualmente. Sin embargo, necesitamos un enfoque equilibrado. No debemos olvidar empoderar a los creyentes profesionalmente también. Si no lo hacemos, tendremos miembros de la iglesia altamente espirituales, quienes serán aficionados en sus profesiones. Haz los cálculos. Eventualmente, terminamos con una iglesia financieramente arruinada con muy poca influencia en el mundo.

MENTALIDAD PARA SOBREABUNDAR

LA FALTA DE RECURSOS FINANCIEROS PARA LA IGLESIA LOCAL INDICA UNA FALTA DE EQUIPAMIENTO EN EL MERCADO LABORAL.

No tengas miedo del mercado laboral: ¡Integra y domina tu espacio! Durante mi crisis profesional, quería retroceder y aislarme de todos. Es la respuesta más natural para la mayoría de los seres humanos en tiempos difíciles. Sin embargo, la transformación del mercado laboral proviene de la integración, no del aislamiento. Recuerda, debemos ser la sal del mundo.

A muchas personas espirituales se les ha enseñado a dividir sus vidas en dos categorías: espiritual y secular. Entonces, todo lo hecho el domingo es increíble y asombroso. Pero, de lunes a viernes, cuando es hora de ir a trabajar, regresan a la rutina o al mundo malo y perverso.

Especialmente en tiempos bíblicos, los judíos miraban el mundo, como creado por Dios, tanto lo físico y espiritual sin divisiones. Cuando leían la Torá y oraban, estaban siendo espirituales. Cuando hacían negocios en el lugar de trabajo y ganaban dinero, estaban siendo espirituales. Quizás esta es la razón por la que la misma raíz de la palabra hebrea avad se usa para describir a una persona que está adorando a Yahweh, así como a una persona que está en el trabajo sirviendo a los clientes. Piénsalo: la misma palabra usada para la adoración es la misma palabra usada para el trabajo.

Los judíos consideraban el éxito como una obligación y responsabilidad moral y espiritual; nosotros también deberíamos hacerlo. Tristemente, la filosofía griega de la dualidad, la separación entre lo físico y lo espiritual, reemplazó lentamente a la influencia judía cuando los anzuelos del Imperio Romano comenzaron a atrapar a la iglesia.

Conocemos las profesiones de muchos hombres y mujeres en la iglesia del Nuevo Testamento, porque vieron que esta era una parte importante de sus vidas espirituales. José y Jesús fueron carpinteros. Mateo fue un recaudador de impuestos. Pedro y Andrés fueron pescadores comerciales. Lucas fue un doctor. Lydia fue una profesional de ventas. Pablo, Aquila y Priscilla fueron fabricantes de tiendas.

Cambia la forma en que piensas y sientes acerca de tu profesión y observa el éxito que obtendrás a medida que tu influencia aumente de forma natural.

ESTRATEGIA 2: DESCUBRE EL DIAMANTE INTERIOR

No es necesario que mires muy lejos en busca de riqueza y prosperidad. Una de las mejores herramientas para crear riqueza está, de hecho, tan cerca de ti, tan obvia, pero no la has visto. ¿Qué es?

En su libro clásico Acres de Diamantes, Russell Conwell, fundador de Temple University, cuenta la historia de un granjero africano quien, empeñado en la caza de diamantes, vende su granja para viajar en busca de riquezas. Después de quedarse limitado, varias semanas más tarde se enteró de que el nuevo propietario de la granja había descubierto acres de diamantes en la propiedad que él había vendido.

El problema fue para él y es para nosotros, que los diamantes se ven como trozos de rocas. Deben cortarse y pulirse para mostrar su verdadera belleza y valor. Del mismo modo en tu vida, hay diamantes, fortalezas, dones y habilidades bajo tus propios pies, pero puede que estén desapercibidos, disfrazados

MENTALIDAD PARA SOBREABUNDAR

IDENTIFICAR Y MAXIMIZAR TU MAYOR FORTALEZA ES LA LLAVE PARA FUNCIONAR EN TU PROPÓSITO, ENCENDER TU PASIÓN Y VIVIR SOBREABUNDANTE.

como trabajo duro o algo completamente distinto.

¿Has descubierto el diamante interior? Tu profesión, carrera o negocio es realmente tu capacidad de tomar tu mayor fortaleza y usarla para agregar valor a los demás. Se trata de encontrar el don que divinamente te ha sido dado por Dios y poder darlo al mundo.

MENTALIDAD PARA SOBREABUNDAR

ENCONTRAR TU DON, HACERLO CRECER Y DARLO ES EL SECRETO PARA VIVIR SOBREABUNDANTE.

El dinero sigue a la especialidad o dominio. ¡Elige algo que haces bien y domínalo! El dinero es una señal de que estás haciendo aquello para lo que fuiste creado. Además, la falta de dinero es una señal de que no has descubierto y desarrollado tu diamante interior. Eres un aficionado, no un experto.

Para crecer, debes conocerte. Lo siguiente es una manera en que puedes comenzar a   limitar tu profesión ideal a una que puedes perseguir. Cada profesión se puede dividir en tres categorías de diamantes:

1. Manos profesionales -mecánicos, dentistas, carpinteros, etc.

2. Mente Profesional - Ingenieros, Desarrolladores web, Profesores, etc.

3. Boca Profesional - profesionales de ventas, conferencistas, abogados defensores, etc.

Haz una pausa y pregúntate: ¿soy una persona buena con las manos, la mente o la boca? Piensa en las carreras que complementan esa fortaleza particular tuya. Considera los pasos que debes seguir para seguir esa carrera. ¡Luego toma acción!

MENTALIDAD PARA SOBREABUNDAR

EL ÉXITO SUCEDE CUANDO TU PROFESIÓN,
PROPÓSITO Y DONES CONVERGEN. .

Cuando descubres tu mayor fortaleza, concentras todo tu enfoque y energía en maximizar ese tesoro de riqueza que Dios te ha dado. Créeme, tu don te abrirá espacio en este mundo y las recompensas e influencias financieras seguirán naturalmente.

PREGUNTAS DE COACHING

¿Qué es algo que puedo hacer fácilmente, pero es difícil para todos los demás?

¿En qué dicen los demás que soy realmente genial?

ESTRATEGIA 3: CONVIÉRTETE EN EXPERTO 10 VECES

Cuando doy coaching a mis clientes, siempre los reto y estiro para establecer un objetivo de ser diez veces mejor en lo que hacen. La mayoría quiere que su negocio sea 10 veces más grande. Pero he descubierto que si enfocas tus esfuerzos en mejorar 10 veces en tu profesión, el mundo exigirá que obtengas 10 veces más grande la recompensa.

Daniel es uno de mis personajes favoritos en la Biblia. Era un hombre altamente educado que fue preparado en las universidades hebreas y babilónicas de su tiempo. Lo siguiente es lo que el rey dijo acerca de Daniel:

Y en todos los asuntos de sabiduría y entendimiento acerca de los cuales el rey los examinó, los encontró diez veces mejor que todos los magos y astrólogos que estaban en todo su reino (Daniel 1:20).

Daniel era un hombre de Dios en el mercado profesional que se volvió diez veces mejor que los líderes seculares de su tiempo. Finalmente fue promovido a una posición política superior. Entonces, ¿cuál fue la clave de Daniel para el éxito, la riqueza y la influencia? ¡La excelencia!

Entonces este Daniel se distinguió por encima de los gobernadores y sátrapas, porque un espíritu excelente estaba en él; y el rey pensó en colocarlo sobre todo el reino (Daniel 6: 3).

MENTALIDAD PARA SOBREABUNDAR

INVIERTE EN TU RECURSO MÁS VALIOSO
— ¡TÚ!

Toda la confianza en el mundo no tiene sentido si no tienes el conocimiento necesario para usar tu confianza. La confianza se basa en lo que sabes.

La ignorancia engendra temor. Cuanto más aprendes sobre tu tema, menos poder tiene el temor sobre ti. Cuando tenemos información limitada, nuestras dudas nos dominan.

Si valoramos la excelencia y buscamos el mejoramiento con pasión, nuestra confianza y competencia crecen y nos convertimos en expertos en nuestro oficio. ¿Cómo mides si eres realmente un experto? Cuando la gente acude a ti en busca de respuestas y tienes las respuestas, entonces sabes que eres un experto en tu campo. Entonces, ¿cómo llegas a ese punto? Puedo ayudarte a llegar allí con la siguiente estrategia de crecimiento experto de 10 veces más.

Un experto tiene un conocimiento especial de un tema o habilidad especial en un campo de acción. Y convertirte en un experto es fácil, si tienes la fórmula correcta. Aprendí una fórmula simple que elevó mis ingresos y me convirtió en un experto, lo que me ayudó a ser conocido como coach de la confianza internacionalmente aclamado.

Fórmula para ser experto: $L + T + 5A = 5\%$

Aquí están los detalles de la fórmula: Lee (L) una hora al día sobre tu tema (T) durante 5 años (A) y Te elevarás al 5 % superior en tu campo.

¿Quieres aumentar tus ingresos? Si es así, recuerda, el mercado laboral pagará un salario de experto para un experto. Si no te gustan tus ingresos, puedes hacer algo al respecto convirtiéndote en un experto.

MENTALIDAD PARA SOBREABUNDAR

ALGO QUE NO TIENES ES DEBIDO A ALGO QUE NO SABES.

¿Cómo ganó rápidamente el Dr. Martin Luther King Jr. el respeto y la admiración como líder? Él era confiado y competente. Martin Luther King Jr. estaba preparado para liderar porque había obtenido una educación de primera, tanto en términos de educación formal como de mentores o tutoría informal. Tenía inteligencia por los libros y sabiduría práctica.

King se matriculó en Morehouse College en Atlanta cuando tenía 15 años de edad y obtuvo una licenciatura en sociología. Luego se graduó de Crozer Theological Seminary con una licenciatura en divinidad y luego completó su doctorado en teología sistemática en la Universidad de Boston.

Otra figura inspiradora es Ben Carson, MD. La historia de vida increíble del Dr. Carson se cuenta en sus memorias y película, Gifted Hands. Él dice lo siguiente sobre su experiencia personal:

No importa si vienes del centro de la ciudad. Las personas que fracasan en la vida son personas que encuentran muchas excusas. Nunca es demasiado tarde para que una persona reconozca que tiene potencial en sí misma.

Después de un comienzo bastante difícil como un niño casi analfabeto, criado por una madre soltera en el centro de la ciudad de Detroit, Carson se graduó de la Universidad de Yale. Luego se convirtió en el primer neurocirujano en separar con éxito a los gemelos unidos de la cabeza. También es el director más joven de cirugía pediátrica en la historia del Hospital Johns Hopkins.

MENTALIDAD PARA SOBREABUNDAR

LA PREPARACIÓN DE HOY ASEGURA LA CONFIANZA DEL MAÑANA

La calidad de tu preparación determina el nivel de tu confianza. El nivel de tu confianza determina la calidad de tu desempeño. Lo que estás haciendo hoy está preparándote para el futuro. Cuando aprendes a hacer las cosas correctas a diario, tienes garantizado el éxito en tu mañana. Si continúas haciendo las actividades incorrectas hoy, tienes garantizado un fracaso en tu futuro.

Me preparo hasta que sé que puedo hacer lo que tengo que hacer. -Joe Namath

El período de preparación puede ser tedioso. Lleva mucho trabajo prepararse, por lo que poca gente lo hace. Sin embargo, la preparación de hoy te da confianza para el futuro. Por lo tanto, la preparación de hoy trae éxito en tu futuro. Puedes afirmar que estás sorprendido una vez; esto es después de no estar preparado.

Elige ser una de las personas más exitosas que conoces y elige eso una y otra vez cada hora de cada día por el resto de tu vida.

Tu talento puede ser enorme. Tu potencial puede ser grandioso. Pero el talento y el potencial no anunciado para el resto del mundo es desperdiciado y va a requerir riqueza financiera para que el mundo sepa que existes. Aprenderás cómo experimentar la riqueza financiera en el próximo capítulo.

CAPÍTULO 9

CONFIANZA PARA LA RIQUEZA FINANCIERA

EL DINERO NO PUEDE SALVARTE, PERO PUEDE HACERTE FELIZ

ESPERA, ¿CUÁL ES EL TÍTULO DE ESTE CAPÍTULO? No te preocupes por eso ahora mismo. Solo sigue leyendo. Ahora es el momento de tratar con el elefante en la habitación. Quizás haz hecho todo lo que dijeron los predicadores de la prosperidad, pero todavía no eres sobreabundante. Has asistido a todos los seminarios. Has escuchado los mensajes bíblicamente inspiradores del pastor popular actual. Has orado, confesado, declarado y dado sacrificialmente en el cubo de ofrendas. Y nada.

Ahora te preguntas: ¿Por qué no he podido convertir mi

sueño en realidad? La respuesta es siempre la misma, mi amigo. Acéptalo o recházalo, necesitas dinero para cumplir tu destino dado por Dios.

¿Cuál es tu actitud con respecto al dinero? ¿Positiva o negativa? Tuve que aprender de la peor manera que el dinero tiende a fluir hacia las personas que son positivas al respecto y se aleja de las personas que tienen una actitud negativa.

Tu relación con el dinero es como tu relación con las personas. Solía decir arrogantemente: "El dinero no es importante". Bueno, ¿y si le dijera a mi esposa que no era importante para mí? ¿Qué crees que ella haría? Lo adivinaste. Ella se habría ido hace mucho tiempo. Por supuesto, no estoy igualando el dinero con mi amada esposa, pero puedes entender el concepto. Una relación sana con el dinero atrae y permite que llegue más a ti.

MENTALIDAD PARA SOBREABUNDAR

LO QUE NO HONRAS EN TU VIDA, LO PIERDES. LO QUE DAS HONRA EN LA VIDA, LO AUMENTAS.

En lo que pones tu afecto eso pondrá su afecto en ti. Este es un principio espiritual. Santiago 4: 8 nos dice que cuando te acercas a Dios, ¡Él se acerca a ti! Del mismo modo, cuando prestas atención a las áreas espirituales, mentales, físicas, relacionales, profesionales y financieras de tu vida, aparecerán los recursos para mejorar cada una de estas áreas.

El dinero es una herramienta que necesitas para hacer suceder las cosas. Es un hecho que no puede ser ignorado.

En 1943, en su libro Motivación y Personalidad, Abraham Maslow presentó al mundo una teoría interesante. Su pensamiento era que los seres humanos ni siquiera pueden comenzar a pensar en necesidades existenciales más elevadas, como la auto realización o el crecimiento de su pleno potencial, si no tienen satisfechas sus necesidades básicas, como el aire, la comida, el agua, refugio, ropa y una variedad de otras necesidades esenciales.

El dinero no es lo más importante en la vida, pero está razonablemente muy cerca del oxígeno en la escala de "tengo que tenerlo".
—Zig Ziglar

Muchos pastores y líderes se golpean la cabeza contra la pared preguntándose por qué las personas que escuchan sus enseñanzas permanecen estancadas, incapaces de experimentar crecimiento. La respuesta es bastante simple, si se mide la teoría de Maslow contra la condición financiera de la mayoría de las personas. La mayoría están tan quebrados en sus finanzas que no pueden aceptar la idea o mantener el trabajo que se requiere para crecer hasta alcanzar su máximo potencial.

La siguiente es una imagen instantánea de la situación financiera de la mayoría de las personas en la actualidad:

- 76% de la gente vive de salario a salario

- 47% no tiene $ 500 en el banco para una emergencia

- 43% de los hogares estadounidenses gastan más dinero de lo que ganan

- El 65% dijo que están perdiendo el sueño debido al dinero este año

- El 41% tiene problemas de facturas médica y está trabajando para pagar la deuda

- El 70% de todos los estadounidenses cree que "la deuda es una necesidad en sus vidas"

- 40 millones de estadounidenses están pagando deuda de préstamos estudiantiles

- 49 millones de personas viven en pobreza en los Estados Unidos

Crecí en un hogar sin ningún tipo de inteligencia de riqueza financiera. Mis padres trabajaban en la construcción. Lucharon toda su vida bajo la presión intensa de vivir de salario a salario. Trabajaban duro una semana para completar un proyecto de construcción. Les pagaban en efectivo. Luego pasaban los fines de semana festejando todo el dinero. La siguiente semana comenzaban sin dinero en sus bolsillos y una vez más tenían que escatimar para sobrevivir hasta que el próximo trabajo estuviera terminado. Entonces el ciclo comenzaba de nuevo. Enjuague y repita.

Cuando era niño temía el invierno porque la nieve frenaba la construcción. Con el pensamiento a corto plazo de mis padres, nunca ahorraban para los inviernos fríos. Consecuentemente, estábamos quebrados en las finanzas por 3 o 4 meses consecutivos cada año. Tener apagada la electricidad en tu casa cuando estás a veinte grados bajo cero no es algo divertido.

Avancemos juntos.

LA MESA REDONDA MILLONARIA

Después de aprender las estrategias para cambiar completamente mis finanzas, estaba bastante sorprendido y honrado el día que llegó a mi oficina una invitación interesante. Fui invitado a pronunciar una presentación magistral en la exposición de una casa editora de libros. ¡Qué aumento de confianza pensé que era pasar de reprobar el preescolar y apenas ser capaz de leer a los veinte años de edad a pronunciar la presentación de un evento de escritores!

Después de mi discurso, me pidieron que participara en la mesa redonda millonaria de preguntas y respuestas con otros nueve escritores exitosos. Recuerdo la sensación de plenitud mientras caminaba por el escenario pensando en mi infancia cuando me sentaba en la mesa de la cocina comiendo sandwiches de queso y mantequilla de maní de parte del gobierno y ahora me sentaba en una mesa con millonarios.

La primera pregunta que el público hizo a los participantes

de la mesa redonda fue: "¿Cuál fue el punto inicial de tu ascenso para convertirte en un millonario?". Cada persona en la mesa dijo lo mismo: "Lo primero que tuve que cambiar fue mi mentalidad acerca de la riqueza y el dinero".

CREANDO TU MENTALIDAD MILLONARIA

Es hora de un trasplante de cerebro. Es hora de derribar las barreras que impiden que tu mente adopte una comprensión saludable acerca del dinero. Vamos a examinar tres ideas fundamentales que debes tener para comenzar a aumentar tu inteligencia de riqueza financiera y finalmente tu cuenta bancaria. Empecemos.

MENTALIDAD 1: DEBES DESAFIAR Y CAMBIAR CONTINUAMENTE TUS SISTEMAS DE CREENCIAS ACTUALES ACERCA DEL DINERO.

Lo que te trajo aquí no puede llevarte allá. No puedes cambiar tus problemas financieros hasta que estés dispuesto a cambiar tus sistemas de creencias. Para comenzar el camino de renovar tu mente con respecto a la riqueza financiera, debes llegar al lugar donde te das cuenta que tus sistemas de creencias no son completamente correctos.

La gran declaración en resumen unificadora de todas las religiones y filosofías es esta: te conviertes en lo que piensas más. Salomón fue uno de los hombres más ricos y sabios de la historia. Su idea fue: "Porque como el hombre piensa en su corazón, así es él" (Proverbios 23: 7).

Si te consideras pobre, eres pobre. Si te ves como un millonario, puedes serlo. Tu mundo interno finalmente se convierte en una realidad de tu mundo exterior. Cómo y qué piensas en el interior se manifestará en el exterior.

En realidad, hay solo dos tipos de sistemas de creencias: uno que empodera y el otro que debilita.

Si no estás donde quieres estar, en algún lugar escondido en tu historia hay un sistema de creencias que no te empodera. Es una historia negativa creada a partir de tu imaginación.

Todos tienen una historia, una excusa por la cual no pueden tener éxito o convertirse en millonarios del Reino. Aquí está el asunto, sin embargo. Puedes poner excusas o puedes ganar dinero, pero no puedes hacer ambas.

MENTALIDAD PARA SOBREABUNDAR

EL DINERO NO TIENE SENTIMIENTOS Y NO LE IMPORTA TU HISTORIA, UBICACIÓN, GÉNERO O RAZA. VIENE A CUALQUIERA QUE LO ATRAE.

Cuando empiezas a pensar acerca de tu historia, recuerda que, a lo largo de la historia, ha habido personas en la misma situación en la que te encuentras en este momento, si no peor, que han alcanzado logros increíbles a pesar de no tener recursos al principio. Sin embargo, no permitieron que su estado financiero actual les impidiera soñar en grande y tomar acciones masivas. Desafiaron las probabilidades y descubrieron una forma de obtener los recursos necesarios para cumplir sus sueños.

MENTALIDAD PARA SOBREABUNDAR

TU VISIÓN SIEMPRE DEBERÍA SER MÁS GRANDE QUE TU CHEQUERA. EL TAMAÑO DE TU VISIÓN DETERMINA EL TAMAÑO DE TU PROVISIÓN.

Todavía recuerdo el dolor que sentí por estar completamente quebrado en mis finanzas mientras raspaba el cenicero de mi auto para desenterrar suficiente cambio para comprar un burrito de desayuno en McDonald's. (En el Capítulo 1, estaba desesperado por encontrar cambio para un taco. ¡Los tiempos eran difíciles!) La depresión se hizo sentir mientras manejaba a casa. Vi un hombre sin hogar al lado de la carretera con un cartel de "Trabajaré por comida" y pensé: ¡Ese seré mañana!

Las cosas empeoraron después que volví a casa, entré a mi oficina y vi un gran montón de facturas de tarjeta de crédito que estaban al máximo en mi escritorio, junto al saldo negativo en mi chequera. Pasé las siguientes horas insultándome mental y verbalmente, soy tan tonto. Nunca voy a salir de este lío. Que perdedor.

Cuando al día siguiente vino la oportunidad de mudarme a la casa de mi suegra, fue la gracia salvadora que necesitábamos para evitar que estuviéramos sin hogar o viviendo en mi automóvil. Un automóvil, por cierto, que debía más de lo que valía. Este fue el momento más difícil de mi vida, sin embargo, fue el mejor momento de mi vida. ¿Por qué? Porque a menudo lo que llamamos una crisis, Dios llama un salón de clases y aprendizaje.

Fue en este salón de aprendizaje donde comencé el proceso de transformar mi modo de pensar acerca de lo que creía acerca del dinero y la reconstrucción de mi confianza para conseguirlo.

Experimenté varios cambios drásticos en mis sistemas de creencias con respecto a la riqueza financiera, de un lado del paradigma al otro, en la primera década de mi camino de fe. Pasé de creer que la pobreza era el camino para la espiritualidad, a creer que Dios quería que fuera radicalmente sobreabundante. Luego, durante una temporada, adquirí la filosofía de que el dinero y las finanzas no eran importantes. Se trata de mi espiritualidad. Sin embargo, esta mentalidad me dejó con demasiadas preguntas sin respuesta.

MENTALIDAD PARA SOBREABUNDAR

UNA MENTE LLENA DE PREGUNTAS SIN CONTESTAR ES UNA MENTE LLENA DE DUDAS CAUSANDO ESTANCAMIENTO. UNA MENTE LLENA DE SOLUCIONES ES UNA MENTE LLENA DE CONFIANZA.

En mi completa frustración, elegí apagar a los predicadores de la televisión y leer toda la biblia yo mismo, desde Génesis hasta Apocalipsis, para descubrir lo que la palabra de Dios realmente tenía que decir sobre la riqueza financiera. Examiné la biblia en su totalidad, no solo sacando una o dos escrituras fuera de contexto y estableciendo un sistema de creencias completo basado en ello, como había visto hacerlo a tantos otros.

Lo que aprendí se reduce a tres preguntas que cambiaron mi mentalidad dramáticamente para bien. Medité en estas preguntas y luego usé mi confianza espiritual para eliminar ideas equivocadas acerca de Dios y la riqueza. Llamo a estas: **preguntas de verificación de la realidad.**

Si Dios está avergonzado de la riqueza:

• ¿Por qué tiene tanto de ella? (Salmos 50: 7-12)

• ¿Por qué nos dio imágenes de palabras en la Biblia sobre la opulencia del cielo? (Apocalipsis 21: 18-21)

• ¿Por qué un Dios extravagantemente rico querría que sus hijos fueran pobres? (Mateo 7: 8-12)

Ahora, en la pantalla de tu mente, comienza a responder estas preguntas por ti mismo.

Mentalidad 2: Debes estar absolutamente convencido que es la voluntad de Dios hacer que sea financieramente sobreabundante.

Permíteme asegurarte que puedes tener confianza para vivir financieramente sobreabundante porque Dios ya te ha prometido esto cuando hizo un pacto con tu padre de la fe, Abraham. Dios le dice a Abraham en Génesis 12: 2-3 (NVI):

Te convertiré en una gran nación y te bendeciré; Haré que tu nombre sea grandioso y serás una bendición. Bendeciré a los que te bendigan, y al que te maldiga, maldeciré; y todas las personas en la tierra serán bendecidas a través de ti.

¿Qué produjo esta promesa de bendición en la vida de Abraham? Abraham se hizo abundantemente rico en las seis áreas de su coeficiente de riqueza:

- **Espiritual:** su fe en Dios era fuerte (Romanos 4:20)

- **Mental:** estaba mentalmente convencido de que su promesa de parte de Dios sucedería (Romanos 4:21)

- **Física:** su salud era buena; él vivió hasta que tuvo 175 años

- **Relacional:** toda su familia lo honró y lo respetó mucho

- **Profesional:** como pastor fue un experto exitoso

- **Financieramente:** tenía abundancia de riqueza financiera en plata, oro, rebaños, ganados, camellos, burros y bienes raíces (Génesis 24: 34-35)

Este acuerdo de riqueza le dio poder a Abraham para que fuera financieramente próspero a fin de poder finalmente servir a los demás. El deseo de Dios no era que solo un hombre se hiciera rico y ayudará a otros; Era su deseo que "todos los pueblos de la tierra sean bendecidos". ¡Oye! ¡Eso significa que tú estás incluido!

Esta es la razón por la cual la comunidad judía controla el 80 por ciento de la riqueza financiera en el mundo. Esperan llegar a ser económicamente ricos porque entienden que es, ante todo, parte de su herencia espiritual de su padre, Abraham.

¿Listo para buenas noticias? Cuando crees en Jesucristo, eres adoptado en la familia de Dios como hijo o hija de Abraham. Esto significa que calificas para la misma riqueza del pacto de Abraham, Isaac, Jacob y José. La siguiente es una prueba del nuevo testamento de que la riqueza del pacto de Abraham te pertenece como creyente:

Así que los verdaderos hijos de Abraham son los que ponen su fe en Dios. Es más, las Escrituras previeron este tiempo en el que Dios declararía justos a los gentiles por causa de su fe. Dios anunció esa buena noticia a Abraham hace tiempo, cuando le dijo: «Todas las naciones serán bendecidas por medio de ti» Así que todos los que ponen su fe en Cristo participan de la misma bendición que recibió Abraham por causa de su fe. (Gálatas 3:7-9)

Hoy puedes tener confianza porque la bendición de Abraham y el derecho a vivir sobreabundante te ha llegado por medio de Jesucristo. Este es el pacto inmutable de Dios con su propósito inmutable, que es ser una bendición para su familia humana en la tierra.

Un Padre amoroso y bueno no quiere que sus hijos vivan en la pobreza y la escasez. Dios reveló su corazón para sacar a las personas de la pobreza y de su situación económica cuando dice en Deuteronomio 15: 4 (NVI): "No es necesario que haya entre vosotros gente pobre, porque en la tierra que el Señor tu Dios te da para poseer como tu herencia, Él te bendecirá abundantemente".

¿ES EL DINERO LA RAÍZ DE TODOS LOS MALES?

Profundamente arraigado en la filosofía de una cultura religiosa cristiana post primitiva habita una mentira enmascarada en una escritura que ha paralizado a muchos de vivir la vida abundante. ¿Cuál es este sistema de creencias que te debilita? "El amor al dinero es la raíz de todos los males" (1 Timoteo 6:10).

¿Qué si el significado de esta escritura es realmente lo contrario de lo que muchos han aprendido? ¿Alguna vez has considerado que la falta de dinero es la raíz de todo mal?

Piénsalo:

• La falta de dinero hace que los ladrones entren a las casas y roben productos electrónicos y joyas.

• La falta de dinero hace que un capo de la droga mate a su distribuidor.

• La falta de dinero hace que una mujer venda su cuerpo en la prostitución.

• La falta de dinero hace que un padre venda a un niño a la esclavitud.

• La falta de dinero hace que un esposo y esposa discutan y eventualmente se divorcien.

• La falta de dinero hace que las personas sean esclavas de trabajos que odian.

• La falta de dinero hace que las personas estafen a otras personas.

• La falta de dinero hace que las empresas cierren sus puertas.

• La falta de dinero impide que las personas reciban un tratamiento médico adecuado.

• La falta de dinero es la causa principal de estrés y el estrés es la causa principal de los ataques cardíacos.

• La falta de dinero impide que una iglesia difunda el mensaje del evangelio, compre propiedades, haga construcciones de iglesias y pague a los pastores el salario necesario y merecido.

¡Ahora eso es lo que llamo MALVADO! Vamos a llevar esto un poco más allá. Jesús dice en Mateo 6:24 (NVKJ): "No se puede servir a Dios ni a Mammón". Mammón era conocido en la cultura judía en aquellos días como un espíritu diabólico malvado (no el dinero o la riqueza en sí) que la gente permitía controlarlos, manifestándose en egoísmo, codicia, avaricia y envidia. El espíritu de Mammón dice: "Hazme el foco de tu adoración".

Estas fueron personas en su día que sirvieron a Mammón al dejar a Dios a causa de sus asuntos financieros. ¿Qué hace el espíritu de Mammón?

1. Te presiona para tomar decisiones sobre tu vida y tu destino basadas únicamente en el dinero.

2. Hace que realices compras impulsadas por el consumo para que puedas mantenerte al día con los demás.

3. Les dice a los predicadores que no enseñen sobre riqueza o dinero.

4. Te hace acumular para ti mismo, en lugar de convertirte en una bendición para los demás.

5. Quiere convertirse en un ídolo en tu vida, para que ya no pongas el Reino primero.

6. Quiere que continúes con una mentalidad de esclavo para que no seas libre financieramente.

Muchos podrían leer esto y decir: "¡Pero las Escrituras nos dicen que no podemos servir a dos amos!". Cierto. No estoy sugiriendo que deberías servir a dos amos. Te estoy diciendo que te conviertas en un amo del dinero. Domina el dinero o el dinero te dominará. Mientras vivas una vida pobre o de clase media, el dinero siempre tendrá la ventaja.

MENTALIDAD PARA SOBREABUNDAR

EL DINERO ES UN DON POSITIVO QUE RECIBES CUANDO SOLUCIONAS UN PROBLEMA O LLENAS LAS NECESIDADES DE LOS DEMÁS.

¿PUEDE EL DINERO HACERTE FELIZ?

Una advertencia: cuando hablas de dinero con la clase media y los pobres, la mayoría dirá rápidamente: "El dinero no te hace feliz". Para saber si el dinero te hace feliz, no consultes a la clase media. Habla con alguien que sea rico financieramente.

Siempre advierto a los demás que no vayan a un peluquero calvo, que no coman alimentos cocinados por un chef flaco, que no tomen el consejo de perder peso de una persona con sobrepeso y que nunca reciban asesoramiento financiero de una persona pobre.

La mayoría de las personas ricas en sus finanzas te dirán que hubo un momento en que estaban quebrados y ahora son ricos. Ellos conocen la sensación en ambos lados del espectro. He descubierto que el 98 por ciento de las personas realmente ricas dirán que son mucho más felices siendo ricos que pobres.

No solo los ricos de hoy pueden confirmar lo que estoy diciendo. Los ricos de las escrituras también están de acuerdo conmigo: ¡Una fiesta está hecha para la risa, el vino alegra la vida y el dinero es la respuesta para todo! (Eclesiastés 10:19)

La bendición del Señor lo enriquece a uno y Él no le causa tristeza (Proverbios 10:22 NVKJ).

Cuando escuchas, "El dinero no te hará feliz", en la superficie, este cliché suena bien. Sin embargo, no encontrarás un solo versículo de la Biblia que respalde esta afirmación puramente cultural. Consideremos:

1. Si siempre han sido pobres y nunca tuvieron una cantidad significativa de dinero, ¿cómo pueden saber si puede o no puede hacer felices a las personas?

2. La mayoría simplemente está repitiendo lo que han escuchado decir a otra persona (que no tenía dinero) y sonó como una buena filosofía para repetir.

3. Por lo general, los pobres no han pensado lo suficiente como para darse cuenta de que el dinero crea sentimientos, cuando lo tienes crea buenos sentimientos y cuando no lo tienes crea sentimientos malos.

4. No han estudiado las nuevas investigaciones científicas que informan cómo un aumento del ingreso aumenta la felicidad, especialmente para aquellos que ganan menos de $ 75,000 al año.

5. Lo que es más importante, es posible que no se den cuenta de que Jesús dijo: "Más bienaventurado [y más alegría] es dar que recibir" (Hechos 20:35 AMP). Poder aportar apoyo financiero para ayudar a los demás aporta mucha felicidad y alegría.

¡Sí! El dinero me hace muy feliz cuando veo a nuestros estudiantes universitarios de Destiny International caminar por el escenario en la graduación y recibir títulos de licenciatura, maestría o doctorado, sabiendo que doné el dinero para patrocinar a uno de ellos.

¡Sí! El dinero me hace muy feliz cuando llevo a un pastor en apuros al centro comercial y le compro ropa nueva o un buen par de zapatos elegantes.

¡Sí! El dinero me hace muy feliz cuando llevo a mi esposa a una cita o al centro comercial y la bendigo con un vestido nuevo.

¡Sí! El dinero me hace muy feliz en navidad cuando puedo ayudar a una madre soltera pobre y a sus hijos a tener una navidad maravillosa.

Creo que entiendes el punto.

Al final del día, incluso si el dinero no puede hacerte feliz, preferiría ser infeliz y rico, que infeliz y pobre.

CAPÍTULO 10

ABRE Y ACCEDE AL DEPÓSITO DE LA RIQUEZA

ELIGE ESTAR DISPUESTO, SER DIGNO Y CAPAZ DE SER SOBREABUNDANTE

LA SEMANA DESPUÉS DE MI DESPERTAR ESPIRITUAL, Dios literalmente me mostró una visión (una revelación) donde estaba hablando en un estadio a miles y miles de personas. En ese momento, mi corazón decía: "¡Sí!". Pero entonces mi cabeza decía: ¡No! "Yo nunca podría hacer eso."

Estaba en una encrucijada muy importante en la que tenía que tomar una decisión que cambiaría mi vida. ¿Iba a aceptar la visión de las posibilidades divinas de en quién podría llegar a ser, lo que podría tener y cómo podría ayudar a miles de personas? ¿O iba a escuchar mis propias mentiras, dudas personales y sistemas de creencias debilitantes acerca de mi propio potencial?

Creo que estás en la misma encrucijada. Creo que, en el momento de la decisión, el destino se está formando. Permíteme asegurarte que las pequeñas decisiones de hoy van a tu futuro y crearán ENORMES resultados mañana.

Mientras mi corazón y mi mente luchaban durante varios días, finalmente decidí ir a hablar con un pastor. Le conté toda mi historia. Las drogas, las mujeres, el alcohol, todo. Tristemente, el pastor me miró y me dijo en un tono todo devoto: "Dios no usa a personas como tú". Él solo usa gente SANTA para hacer el trabajo del ministerio ".

MENTALIDAD PARA SOBREABUNDAR

DIOS TE DARÁ UNA REVELACIÓN MAYOR QUE TU SITUACIÓN, PARA QUE TENGAS LA MOTIVACIÓN NECESARIA PARA LLEGAR A SU DESTINO PARA TU VIDA.

Afortunadamente, no presioné el botón de borrar en la imagen de mi destino. Más bien, escuché a mi coach de la confianza interior que dijo: "¡Eres exactamente el tipo de persona que Dios usa para difundir las buenas nuevas!"

Algunas veces, los más grandes críticos de tu destino vendrán de gente bien intencionada pero religiosa dentro de la iglesia. Y cuando se trata del tema del dinero, créeme, estás flotando en una piscina pequeña rodeado de tiburones peligrosos, serpientes y lagartos que intentarán matar tu deseo de convertirte en millonario del Reino.

En el capítulo anterior, analizamos dos de las tres mentalidades necesarias para convertirnos en millonarios del Reino. En este capítulo vamos a examinar la tercera mentalidad. Pero antes de seguir adelante, hazte esta pregunta: *¿Dios realmente quiere que sea sobreabundante?*

Debes encontrar una respuesta a esta pregunta en tu propia mente. Exige una respuesta de sí o no. No puedes tener confianza en nada si tienes preguntas sin contestar en tu mente. Como se mencionó anteriormente, las preguntas sin respuesta producen dudas: "El que duda es como una ola del mar, soplada y sacudida por el viento" (Santiago 1: 6 NVI).

La fuerza y el poder de la duda radica en tu capacidad para interrogarte con preguntas. Duda es el fiscal legal que lleva ante los tribunales a tu confianza para vivir un estilo de vida sobreabundante, tratando de convencerlo de que experimentarás resultados negativos.

La duda constantemente pregunta:

- ¿Realmente puedes ser rico? ¿Qué pasa si no es para mí?

- ¿Qué si sucede? ¿Qué si no sucede?

- ¿Es posible? ¿Qué pasa si es imposible?

- ¿Puedo hacer esto? ¿Qué pasa si fallo?

- ¿Qué sucede si mi plan no funciona? ¿Qué pasa si funciona?

- ¿Me lo merezco? ¿Soy lo suficientemente bueno?

- ¿Dios realmente quiere que aumente?

- O ¿Dios solo quiere que esté satisfecho dónde estoy?

La fuerza de la duda siempre está con nosotros. El "qué pasa si" y el "tal vez si, tal vez no" constantemente intentan convertir nuestra confianza para vivir sobreabundante en una masilla o plastilina tonta.

Necesitas un nivel de confianza que va más allá del pensamiento positivo. Es un conocimiento positivo en el fondo de tu corazón de que Dios quiere que te vuelvas sobreabundante. La confianza dice: "Sé sin sombra de duda que Dios quiere que yo sea un millonario del Reino".

MENTALIDAD PARA SOBREABUNDAR

LAS VOCES DE LA DUDA SIEMPRE GRITARÁN MÁS FUERTE QUE LA VOZ SUAVE DE LA CONFIANZA.

Una vez más, esta tercera mentalidad de pensar es una combinación, no una clave. Si algunos de estos no están funcionando juntos como un combo, permanecerás estancado. La buena noticia es que, es tú decisión absorber las tres mentalidades en tu vida y, por lo tanto, abrir las puertas al éxito.

Mentalidad 3: debes estar dispuesto, sentirte digno y capaz de ser sobreabundante.

Dios quería que los hijos de Israel tuvieran lo mejor y les prometió darles una tierra que fluyera con leche y miel. Él les prometió casas que ni siquiera construyeron.

Dios envió a doce de sus mejores líderes a la tierra para mostrarles cómo sería su futuro en la vida sobreabundante. No había inseguridad, incertidumbre o duda: era la voluntad y el deseo de Dios que vivieran sobreabundante en la tierra prometida.

DISPUESTO

Dios creía que eran dignos y capaces de apoderarse de la tierra. Pero tenían que estar dispuestos. Isaías 1:19 (NVI) dice: "Si estás dispuesto y obedeces, comerás el bien de la tierra".

El problema fue que diez de ellos no se enfocaron en la oportunidad, sino que eligieron enfocarse en el desafío. No estaban dispuestos a dar el primer paso ¿y adivina qué? Nunca entraron en el estilo de vida deseado que Dios quería para ellos. Los líderes entraron durante 40 días para inspeccionar la tierra y diez dudaron de todo el tiempo. Como consecuencia, tuvieron que permanecer en el desierto por 40 años.

MENTALIDAD PARA SOBREABUNDAR

TU DUDA HA SECADO TU CUENTA.CADA DÍA DE DUDA ES IGUAL A UN AÑO ¡MENOS!

Los estudios muestran que a la edad de 45 años ya has dejado pasar la oportunidad de ser millonario dos veces. -Johnny Wimbrey

Escucha, la verdad es esto. Podemos debatir la teología de la riqueza de un lado a otro, pero al final del día, es tu deber, obligación y responsabilidad moral crear riqueza. Si dices "estoy contento" o "solo necesito lo suficiente para cubrir mis necesidades y relajarme el sábado", no estás cumpliendo tu destino. Si no estás dispuesto a buscarlo con todo lo que tienes, la biblia dice que eres un "siervo malo y perverso" (Mateo 25:26 NVI). No olvidemos la parábola de los talentos.

Cualquier cantidad que te haya sido entregada en la vida, tienes que estar dispuesto a ser fructífero y multiplicarla. Bill Gates lo dijo de esta manera: "Si naces pobre, no es tu error; pero si mueres pobre, es tu error ".

¿Crees que eres "bueno" financieramente? ¿Qué hay de tus hijos y los hijos de tus hijos? Según Proverbios 13:22 (NVI), "una buena persona deja una herencia para los hijos de sus hijos". Riqueza generacional. Sin mencionar el amar a tu prójimo, ofrecer un manto si tienes uno extra y no rechazar a alguien que viene a ti con una necesidad. Tienes que estar dispuesto. Esto es exactamente lo que quiso decir Santiago cuando dijo que la fe sin obras está muerta. Elige ahora mismo en tu mente ser un siervo dispuesto y financieramente sobreabundante.

MENTALIDAD PARA SOBREABUNDAR

LA POBREZA ES UNA FÓRMULA PERDEDORA.
ES DE UNA ERA TAN OSCURA.

DIGNO

Crear riqueza financiera es una aventura digna. Es posible y está disponible para todos.

No te desvalorices ni te conformes con las necesidades básicas. Este es el pensamiento de la clase media. Esta es una vida egoísta. La clase media es el gran arreglo. Cuando comprometes tus finanzas, te vuelves incapaz de ayudar a los demás como Dios quiere que lo hagas, porque estás luchando por simplemente cuidarte a ti mismo.

MENTALIDAD PARA SOBREABUNDAR

TU VALOR PERSONAL ESTABLECE LA MESA
PARA TU VALOR DE PATRIMONIO.

Aunque estar en la familia de Dios es todo el permiso que necesitamos para tener éxito, todavía nos sentimos indignos porque vemos a otros que parecen ser más merecedores del éxito. Sin embargo, nadie es intrínsecamente más merecedor del éxito que otro. Los demás pueden hacer más para ganarlo. Pueden trabajar más duro en eso. Pero nadie comienza a tener más derecho que otro. Estar aquí en este planeta es todo el permiso que necesitamos.

CAPAZ

Hay dos palabras que han paralizado más sueños que ninguna otra palabra: "¡No puedo!" Si las has hablado a menudo, entonces probablemente ya te das cuenta cómo esas palabras y esa mentalidad te han herido más que cualquier enemigo externo.

Las únicas limitaciones que tienes son las que pones en tu propia mente, o peor aún, las que permites que otros te pongan cuando crees sus mentiras.

Libera tu mente y tu boca de siquiera pensar o decir: "no puedo" y serás capaz de alcanzar tu destino dado por Dios.

MENTALIDAD PARA SOBREABUNDAR

EL PROBLEMA MÁS GRANDE DE DIOS NO ES
LOGRAR QUE LA GENTE CREA EN ÉL;
ES LOGRAR QUE SU PUEBLO CREA EN ELLOS
MISMOS PARA QUE PUEDAN ALCANZAR
GRANDES LOGROS PARA ÉL.

Dios necesita que creas en tus propias habilidades para aumentar cada una de las seis combinaciones para vivir sobreabundante. Esta es la dura realidad: si no crees en ti, entonces Dios no puede usarte. Dios creía que los hijos de Israel podían vivir sobreabundantes en la tierra prometida, pero ellos no creían en sí mismos (ver Números 13:33). Dios no pudo usar a Gedeón hasta que creyó en sí mismo (ver Jueces 6:15).

Josué y Caleb tenían una actitud confiada de "¡PUEDO!" Y fueron los únicos que vivieron la vida que Dios deseaba. Recuerda, la mayoría de las personas carecen de confianza en sí mismas y se pierden lo mejor de Dios para sus vidas. Atrévete a alejarte de las masas y creer en ti mismo. Cuando

Dios encuentra a un hombre o una mujer que cree en sí mismo, las posibilidades de logros son ilimitada.

En un estudio de más de 500 hombres y mujeres exitosos(as) (la mayoría de los cuales comenzaron sin nada y finalmente llegaron a la cima de su campo), se encontró que su creencia común era que no importaba lo que sucediera, en última instancia tendrían éxito. Tenían una confianza inquebrantable en su capacidad para superar todas las dificultades y finalmente, triunfar. Consideraron cada revés o decepción como una experiencia de aprendizaje que los ayudó a hacer más de lo correcto más adelante. Debido a esta creencia, finalmente se volvieron imparables.

Si deseas recibir las recompensas que el futuro te depara en confianza, debes ejercer la elección más importante que Dios te ha otorgado como miembro de la raza humana al mantener un dominio total sobre tus pensamientos y nivel de confianza.

Tu confianza es un activo, un tesoro de gran valor que debe protegerse como corresponde. Cuando tienes un nivel alto de confianza, puedes hacer lo extraordinario.

¡LA CONFIANZA ES EL COMBUSTIBLE DEL CAMBIO!

Cuando reconoces tu poder personal y tus dones únicos, puedes realizar los cambios necesarios para mejorar tu vida. Si no te gusta cómo va algo para ti, cámbialo. Si no tienes suficiente dinero en el banco, cámbialo. Si algo no te conviene, cámbialo. Si algo no te agrada, cámbialo. No tienes que ser el mismo después de hoy. Si no te gusta tu dirección actual, cámbiala: ¡no eres un árbol!

Tal vez todavía piensas, Oh, solo soy una persona común. Solo necesito mantener mi trabajo normal, seguro y cómodo. Bueno, si solo eres un algo, entonces no tendrás que convertirte en nada.

Eliminar las palabras "solo" y "no puedo" de tu vocabulario y de las actitudes de tu vida eliminará la devastación de la carencia para siempre. ¿Hay otras personas rompiendo barreras y volviéndose sobreabundante? Por supuesto. Cualquier logro que una persona puede hacer, otra puede hacerlo. Ve hazlo. *¡Porque tú puedes!*

CONVERTIRTE EN SOBREABUNDANTE YA NO ES UNA OPCIÓN

¿Quieres vivir un estilo de vida agradable durante la jubilación? Si es así, debes estar consciente del dinero que necesitas: $ 100,000 al año en la jubilación, más o menos, garantiza la libertad de disfrutar la vida en esa etapa. Con esa cifra por año, me dijeron que al menos $ 1.8 millones deben invertirse al principio de la carrera de una persona. De nuevo, convertirse en un millonario del Reino ya no es una opción. Es un deber.

Es peor para la generación, mayor de 42 años, cuyo $ 1 millón al momento de la jubilación solo generará $ 19,000 ajustados a la inflación al año cuando todo esté dicho y hecho. Y un milenario de 32 años que planea retirarse a los 67 años con $1 millón viviría bajo la línea de pobreza. Esta es la nueva condición financiera que algunos enfrentarán llamada "la pobreza de los millones de dólares".

De acuerdo con la Administración de Seguridad Social, si observas unas 100 personas al comienzo de sus carreras laborales y les das seguimiento por 40 años hasta la edad de jubilación, esto es lo que encontrarás:

• Solo 1 persona será rica.

• 4 serán financieramente seguros.

• 5 continuarán trabajando, no porque lo quieran, sino porque tienen que hacerlo.

• 36 cstarán muertos.

• 54 estarán en bancarrota, dependiendo de sus exiguos cheques de seguridad social, parientes, amigos e incluso de la caridad para un nivel de vida mínimo.

¡Solo el 5 por ciento de las 100 personas tienen éxito y el 95 por ciento no tienen éxito!

MENTALIDAD PARA SOBREABUNDAR

YA NO ES UN ASUNTO DE SI QUIERES SER MILLONARIO; TIENES QUE SERLO PARA VIVIR UNA VIDA MÁS O MENOS DECENTE CUANDO SEAS MAYOR.

¿Quieres estar en la minoría del 5 por ciento superior o quieres unirte a la mayoría en el 95 por ciento? Creo que sé tu respuesta.

SIETE PASOS PARA EL AVANCE FINANCIERO

Cuando me propuse mejorar mi situación financiera, primero tuve que cambiar mi forma de pensar. De eso ha tratado la mayoría de este capítulo. Francamente, porque es la parte más difícil de todo el proceso. Y es un proceso continuo; nunca nos graduamos de mejorar nuestra mentalidad.

MENTALIDAD PARA SOBREABUNDAR

UN RUTA (PLAN), MÁS ACCIÓN, ¡ES IGUAL A TRACCIÓN!

Pero en algún momento, necesitamos obtener tracción o avance. Si deseas progresar en la ruta hacia la riqueza financiera, los siguientes son los siete pasos de acción hacia el avance.

1. COMPROMETERSE

Comprometerse puede parecer básico, incluso obvio. De hecho, es posible que tengas la tentación de omitir este paso, pero te aseguro que, si lo haces, te mantendrás atrapado en un ciclo de escasez, sin importar cuánto dinero ganes.

Tu compromiso con el estatus multimillonario es mucho más fuerte que una simple decisión. Con compromiso, existe la determinación de hacer "lo que sea necesario" (LQSN) para lograr el estatus de millonario del Reino. Tu compromiso, ya sea en tiempo, energía o ingresos, es vital para lograr sus objetivos.

2. LA RIQUEZA ES EL REY, PERO EL INGRESO ES LA REINA

¡No hay nada mejor que tener una gran cantidad de dinero entrando! Debes buscar un fuerte flujo de ingresos. Tu ingreso es la herramienta de edificación de riqueza más fuerte que tienes. Esto no se trata solo de comenzar un negocio. En realidad, el 75 por ciento de todos los millonarios trabajan para otra persona. Sobresalir en tu profesión es el objetivo inicial. Luego podemos hablar de flujos de ingresos múltiples con negocios y activos adicionales.

MENTALIDAD PARA SOBREABUNDAR

NADA CREA MÁS CONFIANZA FINANCIERA QUE TENER FLUJOS DE INGRESOS MÚLTIPLES

3. AUMENTA 10 VECES TU OBJETIVO DE INGRESO

La mayoría de las personas fallan a sus metas por la simple razón de que, en primer lugar, no establecen sus objetivos lo suficientemente altos. Esto es lo que quiero decir. Si deseas ganar $300,000 al año, debes tomar medidas y operar como si estuvieras buscando un objetivo de $ 3,000,000. Esas son estrategias muy diferentes.

4. SAL DE LA DEUDA MALA

Los bancos saben que serás un millonario plus durante tu vida y quieren asegurarse de obtener la mayoría del dinero que ganas. Vas a necesitar un plan estratégico detallado para eliminar todas tus deudas de consumidor por las que estás pagando un interés del 12 al 24 por ciento. Hay diferentes planes que puedes usar; no hay un plan igual para todos.

Una de los primeros pasos que debes tomar es enfrentar tu montaña de deudas antes de poder creerlo. Eso significa sentarte con tu cónyuge y averiguar las cifras de la dura realidad sobre cuánto debes realmente. Entonces ambos necesitan trabajar juntos para destruir la deuda. Recuerda, uno hace huir a 1,000, pero dos pondrán a huir a 10,000. La sinergia acelera la eliminación de la deuda mala.

5. SACA LAS CIFRAS

Sacar las cifras es la mejor manera de ver la realidad de lo que se requiere para obtener avance o tracción. Algunas veces los números son tan grandes que no parecen reales. Los objetivos a veces parecen fuera de alcance, casi abrumadores, lo que puede llevar a darte por vencido.

Los cálculos pueden reducir un gran objetivo a algunos pequeños ajustes diarios en tus acciones que, con el tiempo, pueden tener un gran impacto. Por lo tanto, intenta trabajar al revés desde tu objetivo. Ingeniería inversa. ¿Cuánto dinero, cuántas ventas, cuántos clientes y cuántas promociones se necesitarán para llegar allí?

6. AHORRA PARA INVERTIR EN ACTIVOS

Págate a ti mismo primero antes de pagar tus cuentas. Este es el secreto de los súper ricos. La mayoría de la gente gasta todo su dinero primero y luego dicen que ahorrarán lo que sobra. Adivina ¿que pasa? Todas las semanas, nada sobra. O la mayoría de la gente solo ahorra para emergencias. Y ¿adivina que es lo que siempre tienen? Una emergencia tras otra.

Puedes ahorrar y volverte rico a través del poder del interés compuesto. Solo que toma mucho tiempo. El camino más rápido hacia la eliminación de la deuda mala y la ruta rápida a la riqueza es ahorrar dinero para que el capital invierta en un activo que produzca un flujo de efectivo.

7. INVIERTE EN TI MISMO

Nadie puede ser grandioso en algo sin practicar y aprender. Puede que aún no tengas un millón de dólares porque te falta información. No puedo hacer una cirugía a corazón abierto porque no tengo la información correcta para llevarlo a cabo. Si quisiera convertirme en un cirujano del corazón, tendría que invertir en los conocimientos necesarios para realizar la operación.

¿Cómo puedes esperar aumentar tus ingresos, volverte más valioso o mejorar tu capacidad para acumular riqueza de la economía sin una inversión significativa de tiempo y dinero?

Estos son los primeros siete pasos en tu viaje para vivir sobreabundante. Toma el compromiso de aumentar tu inteligencia de riqueza financiera, tomando las acciones masivas correspondientes y correctas, para llegar a donde quieres ir.

Aprende cómo eliminar la deuda mala y acelerar tu riqueza financiera en www.KeithJohnson.tv/ConfidenceU

¿Has tomado la decisión de estar dispuesto, ser digno y capaz de maximizar tu potencial en el área de la riqueza al convertirte en un millonario? ¡Si!

REFERENCIAS

Brian Tracy, Goals! How to Get Everything You Want—Faster than You Ever Thought Possible (San Francisco, CA: Berrett-Koehler Pub- lishers, 2010), 6-

CAPÍTULO 11

EL PODER SOBRENATURAL DEL 10

ALINEANDO LA RIQUEZA PARA LA DISTRIBUCIÓN MORAL Y ESPIRITUAL

Estaba asistiendo a Ball State University en Muncie, Indiana, conocido en ese momento como la escuela número uno en los Estados Unidos. Fui miembro de la fraternidad Sigma Pi Epsilo, también conocida como la fraternidad número uno del partido. Jugábamos rugby todos los sábados por la mañana y un sábado, después de una noche de viernes de fiesta, me di cuenta de que había olvidado mis zapatos de tacos. Salté rápidamente en mi motocicleta Honda 750 Nighthawk y corrí de vuelta por las calles de Muncie a 65 millas por hora, en una zona de 30 millas por hora. Un automóvil se estacionó frente a mí desde una calle lateral. Mi motocicleta se estrelló contra el guardabarros delantero del auto y me lanzó a unos 50 pies en el aire. Mientras estaba en el aire, sucedió algo increíble que nunca olvidaré. Vi una gran mano que parecía un enorme guante de Mickey Mouse debajo de mi trasero y me sentó en el pavimento.

Estaba completamente noqueado y cuando me desperté, pensé con seguridad que tenía lesiones graves. Sin embargo, pude levantarme y me fui sin lesiones. Sabía que Dios me había salvado sobrenaturalmente la vida. Y para ser sincero, este evento me asustó muchísimo. ¡Literalmente!

Algo dentro de mí decía que tenía que dejar mi estado natal de Indiana y mudarme a Florida. Sabía por dentro que, si no me alejaba de mi familia y amigos, nunca sería capaz de cambiar mi vida para bien.

SIGUIENDO ADELANTE

Dejar todo atrás fue realmente difícil. Pasé de fiestas divertidas y salvajes todas las noches a vivir en un lugar diferente sin conocer a nadie. Tenía 22 años de edad, solitario, soltero y viviendo en un parque de casas rodantes en un trailer destartalado de la quinta rueda. El horno funcionaba, pero no la parrilla. La lavadora estaba rota, pero la secadora funcionaba, así que lavaba la ropa en el lavabo.

MENTALIDAD PARA SOBREABUNDAR

DAR DE LO QUE TIENES ES PRUEBA QUE HAS CONQUISTADO UN MENTALIDAD DE AVARICIA Y POBREZA .

Mi motocicleta fue destruida en el choque, entonces compré un auto viejo usado de $800 que no tenía aire acondicionado. Cuando fui a mi primera entrevista de trabajo, estaba a 107 grados. Estaba empapado de sudor cuando llegué. Honestamente, se sentía como si una nube oscura me rodeara y perdí toda esperanza para el futuro. Afortunadamente, conseguí el trabajo en mi primera entrevista en una tienda de ropa masculina en el centro comercial local.

Durante ese tiempo, alguien me recomendó un libro. No recuerdo el título, pero la esencia de esto era— ser un dador para el mundo en lugar de uno que quita al dar el 10 por ciento de mis ingresos. El libro prometía cambios asombrosos que podrían suceder en mi vida.

En ese momento no tenía nada que perder. Solo ganaba $ 100 por semana. Recuerdo ir a la iglesia luterana local al otro lado de la calle y cuando pasó la cesta de la ofrenda, recuerdo lo difícil que fue dar mi primer 10 por ciento, ese billete de diez dólares. Los pensamientos inundaban mi mente. Podría usar esos diez dólares para comprar gasolina, pan y mantequilla de maní para el almuerzo esta semana. ¿Por qué esta iglesia necesita mi dinero? Parece que lo están haciendo bastante bien. Sin embargo, sabía que necesitaba un cambio, así que me arriesgué e intenté lo que decía el libro. Puse mis primeros $10 en la cesta.

Me sorprendió lo rápido que las situaciones empezaron a cambiar. Dos semanas después, un cliente que regresaba entró a la tienda de ropa y me ofreció un trabajo que pagaba cuatro veces más de lo que ganaba. ¡Incluso incluyó un auto nuevo de la compañía con aire acondicionado!

MENTALIDAD PARA SOBREABUNDAR

CUANDO ERES FIEL EN LAS CANTIDADES PEQUEÑAS, DIOS SE HARÁ RESPONSABLE DE LAS CANTIDADES MÁS GRANDES.

Un mes después, Dios trajo a mi vida a una nueva e increíble amiga cristiana. He estado casado con ella por 26 años. ¡Mis días quebrados en las finanzas, solitarios y miserables habían terminado!

Hoy, le agradezco a Dios que puse mis primeros $10 en la canasta de ofrendas en la iglesia, porque ha establecido uno de los principios fundamentales de todo el éxito en mi vida.

Durante demasiado tiempo, la iglesia local ha estado en

la unidad de cuidados intensivos financiero (UCI), con vida artificial, debido a la falta de recursos financieros. Cerca de 10,000 iglesias cierran sus puertas cada año. Los pastores están renunciando al abandonar el ministerio porque están extremadamente mal pagados, menospreciados y agotados.

La mayoría de las iglesias posee un gran potencial para tener un impacto en su región, pero están funcionando en un estado paralizado porque carecen de los fondos necesarios para ver realmente la transformación. Tristemente, debido a la falta de educación financiera, la mayoría de la congregación carece de finanzas personales para apoyar el trabajo local de manera significativa.

Entonces las ofrendas de "un dólar o de George Washington" se convierten en la norma. ¡Esto tiene que cambiar!

El cambio debe comenzar en el corazón de nuestros amados pastores preciosos que no deben permitir que el espíritu de Mammon les impida capacitar, enseñar y educarse a sí mismos y a sus seguidores sobre el dinero. Es hora que los pastores se den cuenta de que sus seguidores no pueden ir más alto en su conocimiento que el de su pastor.

Es hora que los pastores de Dios se pongan de pie y digan: "¡No voy a aguantar más la quiebra!" Y es hora que las congregaciones quieran ver a sus pastores bendecidos financieramente por Dios, dándose cuenta de que la unción fluye de la cabeza hacia abajo, de acuerdo con el Salmo 133: 2. Entonces, si el pastor no es bendecido financieramente, la congregación no será bendecida.

Es por eso que quiero inspirar a millones de nuevos filántropos millonarios del reino a dar el 10 por ciento de sus ingresos a la iglesia local con el fin de impulsar económicamente un nuevo movimiento.

Cuando esto suceda, generará miles de millones de dólares para concentrarse en expandir el reino y difundir el evangelio en todo el mundo. Un excelente ejemplo de un millonario que diezmó 10 por ciento es el fundador de Chick-fil-A.

EL FUNDADOR DE CHICK-FIL-A, SAMUEL TRUETT CATHY

El estacionamiento está lleno; no hay lugar para estacionar el carril de servicio en la ventanilla desde el automóvil está lleno de autos, lleno de gente esperando para comprar un sándwich de pollo que viene con una sonrisa amistosa y un excelente servicio. ¿Cuál fue la estrategia fundamental para el éxito del fundador?

Desde los primeros días de matrimonio, él y su esposa, Jeannette, habían diezmado 10 por ciento de sus ingresos. Cathy también atribuye otra inspiración para esa práctica: "Sir John Templeton, el [máximo] experto en inversiones financieras y creador de Templeton Funds, le dice a la audiencia que la recomendación más segura y la que paga la mayor cantidad de dividendos es el diezmo—dar el 10 por ciento de sus ganancias para honrar a Dios de la manera que mejor te parezca ". Cathy una vez le preguntó a Templeton personalmente:" Él confirmó la declaración y agregó que nunca había conocido a alguien que hubiera diezmado durante 10 años que no fue recompensado. 2

TESTIMONIOS INSPIRADORES

La historia está llena de personas que creyeron, aceptaron y practicaron las enseñanzas bíblicas sobre el poder sobrenatural del 10. Se mencionan patriarcas como Abraham (Génesis 14:20), Jacob (Génesis 28:22) e incluso toda la nación de Israel. Todos los cuales se hicieron muy ricos.

Para mi sorpresa, descubrí que muchos de los primeros padres industriales de Estados Unidos, que literalmente construyeron Estados Unidos, también practicaron el Poder del 10.

Hay historias de personas famosas y ricas que atribuyeron el dar el diezmo a Dios como el secreto de su éxito y prosperidad. Estas personas incluyen: William Colgate de Colgate, John D. Rockefeller Sr., Henry John Heinz de Heinz Ketchup, Milton S. Hershey de Hershey's Chocolate y James Cash Penney de J.C. Penney.

MENTALIDAD PARA SOBREABUNDAR

LA GENTE RICA VEN EL DAR 100% X 10%
=1,000%. ESTA ES UNA MULTIPLICACIÓN
SOBRENA TURAL

El diezmo es el secreto de prosperidad mejor guardado que existe. —Mark Victor Hanson, Coautor, de la serie *Sopa de pollo para el alma.*

El millonario de reino sabe que dar es la forma más elevada de manifestación de amor que uno puede exhibir (Juan 3:16). Se requiere fe y acción para devolver una parte cuando Dios te ha bendecido.

Oprah ha donado al menos el 10 por ciento de su ingreso anual a lo largo de su vida adulta. Incluso Kim Kardashian afirma que ha estado dando el 10 por ciento de sus ingresos desde una edad temprana. Al mirar detrás de la cortina de muchas personas económicamente ricas, el denominador común es: cuanto más dan, más reciben.

El acto de dar multiplica tu riqueza financiera 1,000 veces. Al igual que una semilla se multiplica cuando se siembra en el suelo, el dinero se multiplica cuando se da.

Las personas con una mentalidad de pobreza piensan que dar dinero como una pérdida. Ven el dar como: 100% - 10% = 90%. Esto es matemática lógica. Si intentas resolverlo matemáticamente, estarás perplejo. Pero crees, que recibirás mucho más del 10 por ciento a cambio. Puede aparecer en efectivo o en personas, ideas y oportunidades nuevas que aparecen en tu vida de forma sobrenatural. Tú haces lo natural. Confía en Dios que haga lo sobrenatural.

No importa dónde te encuentres hoy financieramente, si deseas llevar tu vida a tu máximo potencial de riqueza de 10 veces más como lo discutimos en el Capítulo 2, es esencial

MENTALIDAD PARA SOBREABUNDAR

EL PODER DEL 10 ES UN MULTIPLICADOR FINANCIERO, NO UN SUBTRACTOR.

comprometerte a dar el 10 por ciento. Dios prometió multiplicar lo que das.

Ahora el que da semilla al que siembra, y pan al que come, proveerá y multiplicará vuestra sementera, y aumentará los frutos de vuestra justicia, (2 Corintios 9:10).

Esta es la matemática de la que habló Jesús cuando dijo que tu semilla tiene el potencial de producir 30, 60 y 100 veces el rendimiento.

Tuve la dicha de pasar tiempo con uno de los hombres más ricos de Australia, el industrial Peter J. Daniels. Él dijo: "No puedes ser codicioso si das el diezmo".

A lo largo de los años, he notado que el poder sobrenatural del 10 produce ocho beneficios para empoderarte a vivir sobreabundante:

1. Ideas de billones y millones de dólares

2. Incremento financiero

3. Promociones de trabajo

4. Conexiones divinas

5. Puertas abiertas

6. Protección Divina

7. Planes estratégicos

8. Soluciones a problemas

El millonario del Reino se compromete a dar el 10 por ciento de todos sus ingresos. Comprometerte con este principio te hará más rico y sobreabundante de lo que jamás hayas soñado.

JOHN D. ROCKEFELLER - EL PRIMER BILLONARIO

La primera persona en alcanzar el estatus de billonario fue un hombre que sabía cómo establecer metas y cumplirlas. Rockefeller, un Bautista devoto y uno de los primeros billonario de nuestra nación, dijo: "Nunca hubiera podido diezmar el primer millón de dólares que hice si no hubiera diezmado mi primer salario, que era de $ 1.50 por semana".

Él creía que la habilidad de ganar dinero era un don de Dios para ser desarrollado y utilizado con la mejor capacidad de uno y para el bien de la humanidad. A la edad de 23 años, se había convertido en millonario; y para la edad de 50 años, un billonario. Cada decisión, actitud y relación fue diseñada para crear su poder y riqueza personal.

David Rockefeller dijo que cuando tenía 7 años recibió una mesada de 50 centavos por semana. Le enseñaron a David a ahorrar cinco centavos y que los otros cinco centavos le pertenecían al Señor, su diezmo a Dios. Él dijo: "Nuestros padres nos hicieron sentir, desde una edad temprana, que teníamos que contribuir, no solo tomar".

J.L. KRAFT

J.L. Kraft fue director de Kraft Cheese Corporation, que donó aproximadamente el 25 por ciento de sus enormes ingresos a causas cristianas durante muchos años. Él dijo: "La única inversión que he hecho que ha pagado dividendos consistentemente cada vez mayores es el dinero que le he dado al Señor".

ANTHONY T. ROSSI

Anthony Rossi llegó a los Estados Unidos desde Italia en la década de 1920 como un adolescente, con nada más que la ropa que llevaba puesta. Una pareja cristiana se hizo amiga de él y a través de su amor, llegó a conocer a Cristo como su Salvador y Señor. Un domingo en la iglesia, oró: "Señor, si me das una idea para un negocio, seré fiel para dar una porción de todo lo que hago a tu obra".

Esa misma mañana, la idea de "zumo de naranja recién exprimido" se le vino a la mente. ¡Fundó la Tropicana Company y fue fiel al darle a Dios el 50 por ciento de sus ingresos durante 60 años!

HENRY P. CROWELL

¿Te suena familiar el nombre Henry P. Crowell? ¿Qué hay de la compañía que fundó, Avenas Quaker? Cuando era un joven, Crowell escuchó un sermón de Dwight L. Moody e hizo un notable compromiso con el Señor. Él dijo: "No puedo ser un predicador, pero puedo ser un buen hombre de negocios". Oró, "Si me permitieras ganar dinero, lo usaré en Tu servicio".

Compró una pequeña fábrica decadente llamada Quaker Mill. No solo diezmó fielmente, sino que dio mucho más allá del diezmo y financió el trabajo del Señor por más de 40 años.

WILLIAM COLGATE

Colgate leyó la historia del Antiguo Testamento del voto de Jacob. Cuando Jacob se fue de su casa, dijo: "Si Dios está conmigo y me cuidará en este viaje que estoy tomando y me diera comida y ropa para que regrese sano y salvo a la casa de mi padre, entonces el Señor será mi Dios ... y de todo lo que tú [Dios] me des, te daré la décima parte" (Génesis 28: 20-22).

El voto de Jacob desafió a Colgate. Hizo un voto similar; él determinó darle a Dios el primer lugar en su vida, y también prometió darle una décima, el diezmo de sus ganancias a Dios.

Colgate nunca olvidó su promesa a Dios. Desde el primer dólar que ganó, dedicó el 10 por ciento de sus ganancias netas a benevolencia. A medida que prosperó, instruyó a sus contadores para aumentar la cantidad a 20 por ciento y más tarde a 30 por ciento. Parecía que cuanto más daba, más prosperaba.

William Colgate and Company tuvo éxito desde el comienzo. En 6 años, agregó la fabricación de almidón a su negocio de jabón para lavar ropa. Más tarde, también produjo jabón de manos y una variedad de jabones para tocador y afeitado.

Colgate vio, en su negocio, el cumplimiento de la promesa hecha a los que pagan el diezmo de que Dios "abriría las compuertas del cielo y derramaría tanta bendición que no tendrás suficiente espacio para ello" (Malaquías 3:10).

Los dos fundadores de Holiday Inn, Wallace Johnson y Kemmons Wilson; Thomas Welch del jugo de uva de Welch; y David Green, fundador de Hobby Lobby, también son ejemplos de hombres devotos que se comprometieron con el poder del 10. Al hacerlo, cosecharon miles de millones de dólares y han tenido impacto e influencia en nuestra sociedad durante generaciones.

LA LLUVIA MILAGROSA EN PUERTO ELIZABETH, SUDÁFRICA

Antes de llegar a enseñar mi primera conferencia de Confianza para vivir sobreabundante, Puerto Elizabeth había estado sufriendo la peor sequía en más de 20 años. Hablé sobre el poder sobrenatural del 10 en tres servicios dominicales, desafiando a la congregación a comprometerse a dar el 10 por ciento de sus ingresos a su iglesia local. ¡Los resultados fueron impactantes! Más de 700 formularios fueron completados por personas que se comprometieron.

Durante el final del último servicio, mientras hablaba, de repente vi una nube formándose en el cielo. Y escuché al Espíritu Santo decir: "va a llover". Le dije a la congregación que llovería debido a las decisiones que tomaron ese día.

Cuando hacemos un compromiso, la providencia comienza a moverse.

Temprano la mañana siguiente, cuando salí del hotel, caían baldes de lluvia. Ese mismo día comencé a recibir informes de personas sobre cómo sucedían cosas milagrosas en las vidas de las personas de esa congregación. Esto no me sorprende..

MENTALIDAD PARA SOBREABUNDAR

DIOS CONFIRMA SUS PRINCIPIOS
CON MILAGROS ASOMBROSOS.

Durante más de 26 años, he puesto a prueba este principio y me ha funcionado. He sido un hombre muy bendecido. Solo con la ayuda de Dios podría un niño que apenas podía leer y escribir experimentar la alegría y la abundancia que tengo. Te funcionará si tienes la confianza para dejar de aferrarte a lo que tienes en la mano. Recuerda, todas las cosas buenas vienen de Dios, así que lo que tienes en tu mano, Él lo puso allí.

Puedes comenzar a maximizar tu potencial de riqueza de inmediato. En este momento, aparta un 10 por ciento. Aparta el efectivo, escribe un cheque a tu iglesia, da en línea, cualquiera que sea el caso, comprométete hoy con el Poder Supernatural del 10. Serás grandemente bendecido.

REFERENCIAS

1. John J. Miller, "Service with a Smile," Philanthropy Roundtable, Fall 2008; http://www.philanthropyroundtable. org/topic/excel- lence_in_philanthropy/service_with_a_smile; accessed November 18, 2017.

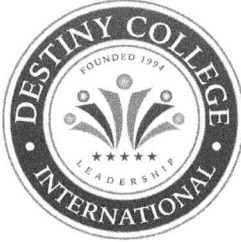

"DESARROLLAMOS LIDERES DE CALIDAD MUNDIAL LIDERES QUE HARÁN UN CAMBIO POSITIVO EN EL MUNDO."

He dedicado mi vida a invertir en la próxima generación de líderes a través de Destiny College International. Queremos establecer 100 nuevas universidades cristianas en los próximos 10 años.

¿Unirás fuerzas conmigo en el uso de tu riqueza para empoderar a aquellos que quieren aprender y crecer, pero no tienen los recursos para las clases, libros y suministros?

Considera ser la respuesta a un mundo que clama por una nueva generación de líderes que tengan los rasgos piadosos de liderazgo de Confianza, Competencia y Carácter.

Considere apoyar a uno de nuestros estudiantes que viven en países en desarrollo que anhelan una educación universitaria de calidad.

Por solo $ 87 al mes, puedes proporcionar capacitación a 5 estudiantes.

Por $ 1,000 al mes, puedes ayudarnos a establecer una universidad de liderazgo cristiano por todo un año.

Gracias,

Keith Johnson, PhD

PARA DONAR:
DestinyCollegeOnline.com/Donate

MAIL:
Destiny College International
POBox15001
Spring Hill, FL 34604
Call: 352-597-8775

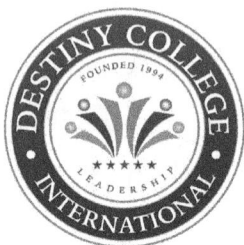

DESTINYCOLLEGE

Destiny College International está diseñado para ubicarte en una ruta acelerada hacia el crecimiento y la transformación personal. DCI es único porque nos enfocamos en hacer crecer tus habilidades de liderazgo desde una cosmovisión bíblica.

¿POR QUÉ INSCRIBIRSE?

- Instructores de calidad mundial
- Aprende a tu propio ritmo
- Baja inversión financiera
- Programa de Aprendizaje Acelerado
- Becas parciales disponibles ahora
- Crédito para experiencia de vida del ministerio
- Acceso en línea

INSTRUCTORES DE CALIDAD MUNDIAL:

- Dr. John Maxwell. Nominado estratega # 1 de liderazgo en el mundo
- Dr. Sam Chand. Experto de liderazgo internacionalmente conocido
- Dr. John P. Kelly. Presidente de la Coalición Internacional de Líderes Apostólicos
- Dra. Vivian Rodgers. Conocido como el Sr. Excelencia en Sudáfrica
- Dr. Bob Harrison. Dr. Incremento y conocido como la autoridad del incremento #1 en América
- Bobb Biehl. Consultor de los principales líderes cristianos en el movimiento evangélico
- Flip Flippen. Líder de una de las empresas de formación empresarial y personal de más rápido crecimiento.
- Dr. Robb Thompson. Experto en relaciones
- Dr. Keith Johnson. Coach de la Confianza #1 en América. Experto de liderazgo
- Dr. Dave Williams. Coach de Liderazgo de Pacesetting en América y muchos más.
- Dr. Myles Munroe. Enseñanzas del ya fallecido, gran y reconocido experto en Estrategias de Liderazgo.

MÁS INFORMACIÓN Y APLIQUE HOY:
www.DestinyCollegeOnline.com

— MENTALIDAD PARA — SOBREABUNDAR

¿Sientes la presión de la falta de apoyo financiero para tu ministerio?

En el 2017 más de 4,000 iglesias cerraron sus puertas porque no pudieron conseguir las finanzas necesarias para sostener sus ministerios. Los líderes, muchos como tú, renunciaron a sus sueños que Dios les había dado porque no tenían los recursos para hacer realidad esos sueños.

Las organizaciones financieras están en su punto más alto, pero las donaciones de la iglesia tienden a ser más bajas que nunca.

Las cifras simplemente no suman. ¿Por qué las finanzas de la iglesia están disminuyendo si la economía se está expandiendo? Si bien muchos líderes ministeriales son expertos en el ámbito de la espiritualidad, carecen de sabiduría práctica y conocimiento de cuestiones financieras. Cuando muchos de nosotros comparamos nuestro destino con nuestra cuenta bancaria actual, reducimos el tamaño del sueño al tamaño de nuestra billetera.

Presentando la Experiencia Vive Sobreabundante

La Experiencia Vivir Sobreabundante hace dos cosas para ayudar a resolver el problema de la escasez financiera:

1. El domingo por la mañana, hablaré un mensaje inspirador sobre el Poder del Diez para aumentar el número de personas comprometidas con el diezmo a su iglesia.

2. El domingo por la noche, mi esposa, Bonnie y yo compartiremos principios comprobados sobre cómo salimos de $ 180,000 en deudas que no podíamos pagar y aceleramos nuestro camino hacia la riqueza. Esta experiencia personal por sí sola dará a su congregación una estrategia clara sobre cómo multiplicar sus ingresos y aumentar sus donaciones para cumplir con el destino que Dios les ha dado.

PARA MÁS INFORMACIÓN ACERCA DE CÓMO SER ANFITRIÓN
DE UNA EXPERIENCIA VIVE SOBREABUNDANTE:
www.keithjohnson.tv/LWEe

CONFIDENCE UNIVERSITY

Esta plataforma es un sistema de entrenamiento de calidad mundial que presenta los tres pilares de éxito y significancia:

·CONFIANZA
·LIDERAZGO
·RIQUEZA

En la Universidad de la Confianza, aprenderás la mentalidad y el conjunto de habilidades necesarias para maximizar tu potencial en todas las áreas de la vida.

Ya sea que dirijas una iglesia, estás iniciando un negocio o edificando una mejor versión de ti mismo, este sistema de capacitación está diseñado para llevarte a un nivel completamente nuevo.

MÁS INFORMACION ACERCA DE LA UNIVERSIDAD DE LA
CONFIANZA VISITA:

www.KeithJohnson.tv/ConfidenceU

ACERCA DEL AUTOR

E L Dr. Keith Johnson es conocido como el Coach de la Confianza #1 de América ha dedicado los últimos 20 años ayudando a líderes de negocios, organizaciones, ministerios e iglesias a ser exitosos con sus mensajes, programas de entrenamiento y herramientas de capacitación. El Dr. Johnson ha hablado en persona a miles de personas en todo el mundo, incluyendo Japón, Singapur, Malasia, Indonesia, África, India, España, Bahamas, Canadá, Escocia, Francia, México, Costa Rica y en todo Estados Unidos. Su sitio web (www.keithjohnson.tv) llega a innumerables personas que buscan mejorar sus vidas de innumerables maneras. Es el fundador y CEO de Keith Johnson International y el rector de Destiny International College. Él y su esposa, Bonnie, viven en el área de Tampa Bay en Florida.

INFORMACION DE CONTACTO

Keith Johnson International

PO Box 15001

Spring Hill, FL 34604

Teléfono: 352-597-8775

Booking@keithjohnson.tv

LET'S CONNECT

f 🐦 📷 ▶️ in 📍

@DrKeithJohnson

www.ingramcontent.com/pod-product-compliance
Lightning Source LLC
Chambersburg PA
CBHW070040100426
42740CB00013B/2738